# 戦後日本を生きた世代は何を残すべきか

## われらの持つべき視界と覚悟

寺島実郎×佐高信

河出書房新社

目次

## 第4章　石原莞爾と大川周明のアジア

## 第5章 日本近代史最大の教訓



## 第6章 「孤独」から「連帯」へ

## 第7章　戦後日本の矜持

# 熱き心の先にあるもの―まえがきに代えて

寺島実郎

佐高信という人の目線は温かく、かつ厳しい。人間への優しく、温かい好奇心を持ち、生身の人間としての本音を見抜いてくる。格好をつけた気取りなどをはぎ取り、体温計を差し込むように本当の力を試してくる。

海外を動き回ってきた私にとって、佐高さんは日本という故郷の家を淡々と守ってきた兄貴のような存在で、この感覚は変わらない。特に、この8年ほどは、佐高さんの縁で、山形・酒田との関係が深まり、平田牧場を育ててこられた新田嘉一翁との出会い、東北公益文科大学での講座などを通じて「日本の地域研究」の視界を広げてもらっており、これも兄貴の配慮なのだと感謝している。

この本は、2010年に毎日新聞出版から出した佐高さんとの対談『新しい世界観を求めて』（2013年に『この国はどこで間違えたのか』として光文社より文庫化）以来の二人の対談本ということになる。その後の「3・11の衝撃」と「日本の右傾化」、そして「世界の中での日本の埋没」、「日本人の心の閉塞感」という状況の変化を受けて、改めて二人で向き合う中から生まれたものである。

「現状に不満はないが、将来に不安がある」という心理に陥りつつある日本人——現状に安易に妥協することなく探求すべきことは何か。戦後なる日本の先頭世代として生きてきた二人が、強い危機意識のもとに、再確認したもの。私の心には、この対談を通じて熱い想いが残った。

# 第1章

# 日米「不平等」同盟の核心

## 「日米同盟は不公平である」――トランプとは真逆の意味で

**寺島**　トランプ政権の日本に対する見方が、「日米同盟は公平ではない」という彼らのロジックによってはっきりしてきたと思います。これはトランプの本音ですよ。これを一つの契機にして、いま日本が正面から日米関係の再構築に向き合わなかったら、一体いつやるんだというタイミングになっている。私としては、まさに佐高さんとこの本を出す時点で、いままで覆い隠されてきた「外なる日本」と「内なる日本」の二つの虚構が明らかになったということがものすごく重要なんです。

**佐高**　戦後世代の責任を、私たち自身に引きつけて語り合うというのが今回の対話の重要なテーマであるわけですが、その時に、戦後の日本社会がアメリカに従属するという構造の中に存在してきたということ、そしてそれを私たちが切開しきれずにきたことは大きな課題になりますよね。

**寺島**　そういうことです。安倍首相のイラン訪問中に、ホルムズ海峡で日本のタンカーが攻撃を受けるということが起こった。それによって「ホルムズを守っているのはアメリカだぞ」と言わんばかりの力学もはっきり見えてきたと思います。私は「過剰同調」という言葉で括られるのがふさわしいと思っているのだけれども、あらゆる問題を隠蔽してトランプ政権にすり寄ってきた振る舞いの、これは一つの結末でもある。

もし日本に愛国心がひとかけらでもある人間がいたなら、日本国のレーゾンデートル（存在理由）をかけて、日米同盟についてしっかりしたスタンスを見せなくてはいけないところにきていると思うのです。

**佐高**　私はナショナリストではまったくありませんが、対米関係においては独立国家の主権をはっきりと主張し、アジアに対してはできる限りナショナリズムを抑制して友好関係を深めるという二次方程式をいまこそ解かなくてはならないと思っています。

**寺島**　まさに共感します。

ちょっと長くなりますが、私なりの問題意識を整理したい。私は講演で、聴衆の問題意識を喚起するために、こういう言い方をすることがあります。「日米同盟が不公平だということを検証してみましょう。まずいくつかこのことを議論するうえで、いろはのいとして知っておかなくてはいけない知識があります」と。

その知識としてまず知っておかなくてはいけないのが、台湾には米軍基地はないということです。つまり日米同盟というのは、日本を守るためにアメリカが駐留してくれているのではなく、アメリカの、東アジアどころかユーラシア戦略の主力のカードとして沖縄が果たしている役割がある、ということです。ここをよく考えなくてはいけない。米軍基地の7割が沖縄に配置されているけれど、米軍は日本を守るために沖縄にいてくれているのではない。

## なぜ北海道には米軍基地がないのか

**寺島**　いまのアメリカは長期の消耗する戦いに耐えられる状況にはないから、中国と構えて戦争をする気なんかさらさらないだろうけれども、もし仮に、中国が台湾に対して軍事行動でも起こしたら、その時にアメリカは台湾を守るために動くだろうか。その問いがまず出てくる。喫緊のテーマとして現在のように香港に対する中国のグリップが強められ、次に台湾がどうなるかと注目される時期に、台湾海峡にさざ波が立って、もし中国が台湾を統一するという構えで軍事行動を起こした時、アメリカはどう動くのか。これはきわめて重要な問いです。

アメリカは動くとは限らない。アメリカは米台条約を結んで台湾を防衛する義務があるかのように表面的には見えているけれど、アメリカの青年の血を流してまで台湾を守るかどうかは微妙です。なぜかというと、台湾に米軍基地はないんです。仮に台湾を守るためにアメリカが行動を起こすとしたら、グアムか沖縄かの基地を使って、アメリカは中国と向き合わなくてはいけなくなるわけです。台湾には米軍基地がないというファクトを噛みしめたなら、日米安保条約のもとに7割の基地が配備されている沖縄は、アメリカにとって日本を守るために存在しているのではないことを知るべきです。

次の必須の知識は、日本人にとって沖縄問題は沖縄問題としてだけでは済まないということなのですが、私の故郷である北海道には米軍基地が一つもないという事実です。本来、日米安保条約は冷戦を前提に組み立てられた仕組みであり、１９５１年に冷戦下のソ連を仮想敵国として結ばれているわけだから、ソ連のもたらす危機がいちばん重いモメントだったはずなんです。そうであるなら、ソ連が侵攻してくる危険性は北海道に最もあったわけです。日米安保条約が、もし本当に日本を守るための条約であるならば、北海道に7割の米軍基地が集中していなくてはおかしいはずです。ところが米軍基地の北限は青森県の三沢です。

深く認識しなくてはいけないのは、米軍基地の7割は沖縄にあり、米軍基地の9%は三沢だという事実の意味です。つまり8割が沖縄と青森だということです。三沢は主に通信基地だから、もしソ連が侵攻してきたら、最初に旭川の自衛隊が戦って叩き潰され、南に押しやられ、いちばん南の沖縄に構えるアメリカは時間を稼いで見つめている。これはもちろん、守るか守らないかわからないというファジーな領域の話です。その時のアメリカの国民の世論とアメリカ政権が日本を守るべきだと判断したら動くかもしれないけれど、要するにあやふやなんです。

「ビルト・イン・スタビライザー」という言葉があるけれども、自動的に発動される防衛の仕組みではないのです。その時の状況を反映して、アメリカが日本を守ったほうが得策だと判断したら動くかもしれないけど、そうとも限らないという、曖昧なものだということです。

## 日本軍国主義を抑える「瓶の蓋」

**寺島**　北海道には米軍基地がないという事実を直視すれば、米軍は冷戦下においてさえ、日本を守るための仕組みとして米軍基地を配置していたのではなかったことに気づきます。もっと引いた視野からユーラシア大陸を睨んでいた。いまトランプが言う「アメリカ・ファースト」なるものが常に存在していて、アメリカの利害のもとに日米同盟を組み立てているという本質があからさまになっているわけです。

さらにもう一つの事実。日本の首都圏に米軍基地が配備されているということ。横田にしても横須賀にしてもそうです。なぜ首都圏に米軍基地があるのか。これは日本人がいちばん知らなければいけないことなのですが、知られていない。ここに登場してくるキーワードは、「瓶の蓋論」というものです。私はアメリカのワシントンで活動している時、あるいは北京でアメリカと中国が議論するシンポジウムに立ち会っている時などに痛感することなんですが、この「瓶の蓋論」が必ず登場してくる。つまり日本軍国主義の復活を抑える瓶の蓋として、アメリカは日本の首都圏の喉元に突き刺さるように軍を配置している、と。

つまり、中国にとっても日本に米軍がいたほうがいいという議論になる。日本軍国主義が復活して中国に脅威を与えることがあってはいけない、そのために米軍が瓶の蓋として封じ込めているのだ、と。それが首都圏に米軍を配置している理由だと言わんばかりの暗黙の説明が、アメリカと中国、アメリカと韓国が議論する時には目配せのようになされるわけです。つまり中国や韓国のほうが、米軍が日本にいることを利益だと思っている部分があることをわかっておかなくてはいけない。

私が学長を務めている多摩大学のすぐ傍に米軍の専用ゴルフ場がある。これが首都圏に二つあるのです。自衛隊は専用のゴルフ場を一つも持っていない。米軍は、二つのゴルフ場を首都圏に確保している。ゴルフ場なんかやめろという次元の話をしているのではなくて、東アジアの安全保障にとって米軍が本当に必要な抑止力なのだというのであれば、施設についての軽重判断があっていい。米軍用のゴルフ場が象徴的に示すのは、占領軍のステイタスのまま、あたかもアーミー・ネイビー・クラブを日本に持っているようなありようです。

日本におけるすべての基地施設をテーブルの上に載せて、本当の安全保障に必要なものは残すけれども、そうではないものから段階的に縮小していきましょうという議論をやるべきだと思います。これは本当は、21世紀に入る前に、冷戦が終わった頃にやるべきだったのです。1993年にドイツがやったように。あの時ドイツは、在独米軍の規模を4分の1以下に縮小した。すべての基地の主要目的を徹底検証して、本当に必要なものだけを残すということをし、地位協定の改定にまで踏み込んだ。

## 条約改定する根性を失った日本

**寺島**　日本はいまだに、米軍が占領軍のステイタスのままの地位協定を抱えこみ、21世紀に入ってからもトータル10兆円を超す、つまり年間6000～7000億円の思いやり予算を含め、米軍基地のコスト負担をしてきたわけです。これは米軍基地にかかるコストの約7割にあたる。米軍は、グアムに置くよりもハワイに置くよりも、さらにアメリカ本土に置くよりも、日本に置くほうがコストがかからない。基地を置いている国が7割もコストを負担するなんていう例は、世界広しといえども、他にまったく例がない。

要するに「日米同盟は不平等」なんです。トランプが言うのと真逆の意味で。日米同盟は日本にとってこそ不平等であり、これがもし明治の時代だったら、陸奥宗光や小村寿太郎を持ち出すまでもなく、日本人の誇りをかけて不平等条約の改定へと立ち向かったはずですよ。冷戦が終わってから30年、戦争が終わってから74年も経とうとするいま、日本人は条約改定に向かう根性さえ失っている。「米軍基地がいまのままあってくれても構わない」「中国の脅威を封じ込めるために米軍は抑止力としていてくれたほうがいい」くらいの感覚で基地問題を考えている日本人に、世界に出て議論してみろよと私は言いたい。

アメリカの目の中では、日本を独立した国家として認めていないということを感じ取るべきです。敗戦直後や10年とか20年の間、占領下に置かれているという例は数多くあるけれど、75年近く経とうとしているのに、むしろ外国の基地にいてほしいとホスト・ネーションのほうがよいと思っている国および国民の心理というのは、これは恥とするべきだ。トランプの発言によって、逃れることのできないテーマが現れてきた。

外なる日本と内なる日本の避けることのできない課題というか。沖縄問題を睨みながら米軍基地の縮小と地位の段階的改定を実現し、それをテコに主体的に中国との関係や韓国との関係に向かうことによって安全装置を作れるかどうか。佐高さんの言う二次方程式が、これから問われる日本人の知恵なんです。アメリカに守ってもらって安全保障を実現するというのは、向かっていく方向がおかしい。中国と向き合うために、アメリカに守ってもらわなくてはまずいという、この心理が日本の置かれている状況を固定化しているのです。

**佐高**　寺島さんの透徹したヴィジョンに深くうなずきながら唐突に思うのは、田中角栄の衰えない人気の理由を、深いところで捉まえておく必要があるということです。

田中は庶民宰相として人気があったと理解されているけれど、角栄で忘れてはならないのは、中国との国交回復をやったということですね。それはアメリカにとっては望ましいことではなかった。歴代首相の中でアメリカから敬遠され警戒されたのは、戦後に限って象徴的に挙げるなら、石橋湛山と角栄です。

## 沖縄と向き合う自民党はもういない

**寺島**　その通りです。あえて付け加えるならば、ひょっとしたら日米関係を変えるのではないかと思わせたのが民主党政権時の鳩山由紀夫だったのに、腰砕けもいいところで脆くも瓦解した。

**佐高**　鳩山を加えるとおとぎ話みたいになってしまうけれども、中国と日本が近くなることを、アメリカはいちばん警戒している。

**寺島**　たしかにアメリカにとっては日中同盟は悪夢のシナリオだ。

**佐高**　寺島さんがかねがね言うように、日本は貿易から見てもアメリカより中華圏にシフトしている。いまの日本はこの事実にもあまり気がつかない。いまだに、アメリカが日本から手を引いたら大変なことになるんじゃないかという考え方ですね。

もう一つ、沖縄というものが自民党の変質をすごく象徴的にあらわしている。翁長雄志がなぜ自民党を出て革新と言われる勢力と手を結んで「オール沖縄」で出てきたか。自民党の中で、いままで沖縄の問題にそれなりに対峙してきたのは、小渕恵三であり、橋本龍太郎であり、梶山静六であり、野中広務だった。これは全員田中派なんです。小泉純一郎が間違って出てきて「自民党をぶっ潰す」と言った。この「自民党」とは、田中派だった。ここでぶっ潰されて自民党の主流がいなくなった。

翁長さんもその系譜の人だから、いまの自民党にはいられないわけです。まともに沖縄に向き合おうとする自民党の政治家がまったくいなくなった。翁長さんは、自民党の沖縄県連の幹事長をやった人です。でも基地反対と沖縄アイデンティティを主張して出てきて、自民党の側から裏切り者呼ばわりされるわけですが、翁長さんからすると「そうじゃない、お前たちが変質したんだ」という話になってくる。

自民党には、沖縄のアイデンティティも日本のアイデンティティも、考えようとする政治家がいなくなった。トランプと文在寅との劇場型の握手にしても、日本は文在寅を外にやろうとするけれども、金正恩はあそこで安倍よりもはるかに役割を果たしている。あのドラマの中で、安倍はトランプからさえ相手にされていない。同盟という場合には独立した存在同士が結ぶものだけれども、日本の立ち位置からすると、およそ同盟にならないですよね。

**寺島**　同盟国としてお互いに目を見る相手、尊敬される相手になっていないことだけは確かです。トランプは、2019年5月、日本にやって来た翌週にイギリスに行った。アメリカにとってユーラシア大陸の向こう端の島としてのイギリス、グレートブリテンへ。日本は東端の島として、一応我々は両輪のような同盟国だと思っている。しかしトランプがイギリスでスピーチした時に、「同盟国としての共通の価値」ということを語った。「自由と法の支配」ということで我々は共通の価値を持つ同盟国なのだ、ということを言った。日本に来た時にトランプは、日本は同盟国で、我々は共通の価値のもとに動いているということを一言も言わなかったどころか、横須賀に行って彼がぶち上げたのは「力こそ平和」というものです。力こそ正義なのだというロジックを主張したんですね。

## まかり通る「力こそ平和」を拒否する勇気を

**寺島**　３年前のオバマの広島訪問から、まるで変わってしまった。あの時は、謝罪がなされたわけではないけれども、少なくとも原爆投下についてアメリカの大統領が向き合った。やはり戦争は虚しいものだということをお互いに噛み締めながら、心が通い合って、ある確認をし合った。

ところがいま、この日本に「力こそ平和」と掲げる大統領が現れて、日本という国が試されている。日本のリーダーだったら、何があっても一言言わなければならないことがある。戦後日本は「力こそ平和」という考え方を否定し、武力をもって紛争の解決手段としないということを心に誓って、戦後社会に復帰したのだと。そして名誉ある地位を今日まで確立してきたのだと。だから「力こそ平和」というロジックは共有しないと言わなければならない。少なくとも距離感を感じるということを言っておかなければいけない。ところが、そのトランプに擦り寄るばかりで何一つ主張がない。同盟国だからこそ言わねばならないこと、友人だからこそ言わねばならないことがあるはずなんです。なぜトランプが「法の支配」ということを言わないか。それはアメリカ側から見ると、日本は法の支配が行き届いている国に見えないからですよ。たとえば森友・加計問題を見ても、絶句するような状況だ、と。現役の財務相の局長が公文書を書き換えて一切責任を問われない国であることに愕然としているから、法の支配なんて言葉は出てこない。

権力を忖度するということ自体が法の支配が行き届いていないということですが、これは中国を批判する正当性を失うということです。日本が中国を批判する時に、何かというといまの政権は法の支配ということを言うわけです。中国では法の支配が行き届いていないかのように。だけど現実には、「あなたには言われたくないよね」で終わってしまう。これは内なる日本の重大な課題です。

**佐高**　内なる日本の課題が、外なる日本の国際的な信頼喪失につながっているということですね。

それと、忖度という意味では、いまの経済人が安倍政権に対してまったく物を言えなくなっているという構造も内なる日本の大問題です。

**寺島**　佐高さんは経済人、産業人と独自に向き合ってきた人だから、まさにそのことを論じ合いたいと思っていました。なぜ日本の経団連のリーダーであり産業界のリーダーという存在が、政治に対してかくも虚弱になったのか。一言で言うならば、アベノミクスと称する異次元の金融緩和、金融をジャブジャブにして、公的資金を突っ込んでまで株を上げるというメカニズムの中で、彼らは麻薬中毒みたいに痺れがきているる。マネーゲームの中で株価の水膨れを享受しているから、緊張感ある言葉が失われてしまう。実体経済の中で真っ当な業績を出すという方向に行けなくなっている。マイナス金利にまでもっていっても、日本国内で実体経済が動いていない。

資金需要がないから、余ったお金が国境を超えて外に流れていく。日本の金融政策の歪みが、世界中のバブルを支える資金源となっていく。しかも、たとえば農家のお金を集めた農林中金などが典型的なんですが、ハイリスク・ハイリターンの、手を替え品を替えの危険な金融商品に吸い込まれていく。やがてそれに毀損が生じるだろうということは予感されているんだけれど、少なくとも今日じゃないだろうということで、「イマ・ココ・ワタシ」の価値観ばかりがさらに強固になる。

## 経済人の矜恃が消えた

**佐高**　「我が亡き後に洪水よ来たれ」というやつですね。

**寺島**　「後は野となれ山となれ」というか。いまだけが大事になってしまって、「後進のためにここで頑張っておかなければ」という産業人があまりに少ない。極端に言えば、虚構としての株高経済の中を泳いでいるわけです。日本をどういう方向に持っていくかというヴィジョンも構想もない。内なる日本のこの惨状を確認しておかなければいけない。

**佐高**　寺島さんに、三井物産の石田礼助のことを訊きたいと思っていました。石田は三井物産の社長から、１９６３年に首相だった池田勇人の依頼で国鉄総裁になる。城山三郎さんが石田のことを『粗にして野だが卑ではない』という小説で描くわけですが、石田は国会で「国鉄が今日のようになったのは諸君たちに責任がある」と議員たちに堂々と言い放つわけです。77歳の時です。そういうふうに政治家にズバッと言う経済人の存在というのは、残念ながら隔世の感があります。経済人としての誇りというか、「俺は税金の世話にはなっていない」というのが背骨としてあって、「お前たちに責任がある。我田引鉄で国鉄にして、自分の選挙区に引いて赤字にして何だ」という発言が出てくるわけです。

**寺島**　私は三井物産に1973年に入社した後、二度、石田礼助さんに会ったことがあるんです。私がいた隣の部署に社史編纂室があって、石井さんがヒアリングのために足を運んできた。その時に出会って話をしたことがあります。カッコつけた蝶ネクタイの爺さんというイメージだったけれども、調べれば調べるほど、佐高さんの言う「産業人の誇り」というのを持っていた。国鉄総裁になった時、彼は「報酬はワンダラーでいい」と言ったんです。彼は、金儲けのために自分は仕事しているんじゃないというのを生き様としていたのに、やはり商社の責任ある立場の時は、自分の部門を背負って、利益責任を果たしていかなければならなかった。だからこそ、企業利害を超えた仕事に打ち込んでみたかった。産業人としての誇りをもちながら、国家はどうあるべきかとか、経済はどうあらねばならないかということを、常に深く考えていた人でしたね。

**佐高** いまや産業界が税金で食っている。かつては、在野、民間企業ということに誇りをもって、税金の助けを借りないということが矜恃だったのに、いまや全体が御用産業になってしまった。政治に真っ当に対峙しうる、見識ある経済人を見つけることが非常に困難になりました。官僚も、財界も、そしてメディアも、独裁政権にひれ伏して、独自の発言ができなくなった時代ですから、私たち一人一人がさらに覚悟を持って発言していかなければと思いますね。

# 第2章　全体知に立った構想力へ

## 戦後思想への新たな見方

**寺島**　佐高さんとの前々回の対談集『新しい世界観を求めて』を出したのが２０１０年だった。ということはあの２０１１年の３・11以前ということですよ。これは内なる日本の重大なテーマですが、３・11によって我々はそれぞれの立場から脳震盪が起こるくらい打ちのめされたと思います。津波や地震に驚愕したにとどまらず、福島の原発事故という問題がものすごく大きくて、戦後の日本のあり方を総否定してくるようなマグニチュードでした。私は、エネルギー問題に関わってきた人間として、途轍もない衝撃を受けたわけです。

**佐高**　前々回の対談集は３・11の衝撃には一切触れていないということですね。今回、私たちは戦後という時間を振り返ろうとしているわけですけれど、その時に、３・11の衝撃を経た目で戦後を捉える必要がある。あるいはその目で捉えざるを得ない。原発への批判や懐疑というのは、原発が体現した戦後の近代科学、ひいては戦後思想への新たな見方を促すところがあるわけです。

**寺島**　私の問題意識もまさしくそういうことです。

平成という時代が30年で終わりました。第1章に続いて、今回の対談のためのテーマをもう少し出し合っておきたいのですが、平成の30年とは一体何だったのかということを、1990年前後から振り返る必要があるかも知れない。いま高齢化社会が一段とくっきり見えてくるようになりました。我々が生物学的に年をとったというだけでなくて、「100歳人生」という言葉があるように、団塊の世代もある確率論においては100歳までの人生を視界に入れて、たとえいま70代でも下手するとあと30年生きなくてはいけないという時代になった。多摩大学の新入生に対して、私が学長として喋ったのは、「あなたたち、ジェロントロジーを老人の学問だと思っていたら大間違いだ。これは、この先80年を生きなくてはいけないということを前提にして人生を考えろというメッセージだ」という話です。

戦後を検証するさらにその中で、平成が始まったあたりから日本のパラダイムがどう変わったのかを確認してみることも意味があるでしょう。

**佐高**　ジェロントロジーについて思うのは、三島由紀夫が死んだときに朝日新聞記者の深代惇郎が、普通の人の生活とは関係ないところでこの人は自分の人生を捨てたんだと、かなりはっきりと拒否宣言をしている。死を美化する人とそうでない人、そこが分かれ目なんじゃないか。私は三島由紀夫と魯迅を対比させて書いたことがあるんですけど、死を美化しないということですね。つまりジェロントロジーというのは、老人学とか流行りの終活論議とは無縁の、社会の中で真っ当な知性をもって生きるための思索である、と。そして、私にとって真っ当な知性とは、批判的な知性ということになる。

## 怒濤のようなＩＴ革命とその新局面

**寺島**　いきなり本質を突いてきましたね。私は戦後生まれの日本人の先頭世代です。インテリジェントなものを蓄積してきたという自負心を持って時代に向き合っているつもりですが、今回、佐高さんと対話しながら、新たな「知の再武装」の引き金たらんという思いがある。

世の中で「あの人は知的な人だ」とか「教養のある人だ」と言う時に、昔から「和漢洋の教養」という見方があった。我々の同世代で、インテリジェントな世界で活動している人については、何らかの形で知っていると思うのです。会ったことがあったり、議論したことがあったり、著作から受け取る感触もあるし、手応えもある。でもその中で、漢籍の素養を基盤にした知を持っている論者なんてめったにいない。和のほうだと、私にしても『世界』で連載中の「一七世紀オランダからの視界」で、江戸の知を追いかけています。「からごころ」から「やまとごころ」へという意味で。その中で、江戸の正学たる儒学だけでなく、本居宣長が完成した国学を、ナショナリズムの枠を超えた、深くて開かれた思想として捉え直そうと試みていることもあって、それなりに和の知的基盤について探究しているつもりですが、一方で自らに対して、そうは言ってもたかが知れているのではないかという思いもある。

要するに、戦後世代のインテリと言ったところで、洋の知の断片をつまみ食いしている程度なんです。平成30年の総括としてつくづく思うのは、怒濤のようなＩＴ革命の流れの中で、一段と知は断片化され、全体知は見えなくなっている。いつの間にやら我々自身の知の基盤がますます危ういものになっているということです。

**佐高**　たしかにネット文化の奔流の中では虚しさすら覚えますが、私たちにとっては踏ん張りどころですよね。

いま私は早野透とともに、朝日新聞記者の歴史的な群像を振り返っているんですけど、朝日新聞記者から副社長になって、その後政治家に転身した緒方竹虎が後継者に推したのは笠信太郎なんですね。笠は、マルクス主義の経済学者の大内兵衛が緒方に推薦して朝日新聞に入るんです。戦時中に、やはり朝日の記者の尾崎秀実らと近衛文麿のブレーン組織「昭和研究会」の一員になる。ヨーロッパ特派員を務めたこともあって、笠は洋の知の人なんです。それがアメリカ戦略情報局の欧州総局長だったダレスを介した和平工作にもつながっていく。緒方は漢と和を踏まえた洋ですね。戦時中は主筆として、玄洋社系の院外団的な存在とのつき合いを生かして右翼対策にも当たり、戦争末期には重慶の蔣介石政府との間で和平工作を進めています。

## 中国に対するパラダイム転換

**寺島**　どう評価するかは別として、二人ともある世代の典型的な教養人ですよね。そして教養と実践がリンクしている。

**佐高**　いずれも福岡修猷館出身だそうです。朝日人の三人目として、昨日、むのたけじについて語ったんです。むのたけじは娘に「あじあ」と名付けたほど、アジアに思いが深かった。そのあたりの感覚をどう引き継ぐか。

寺島さんに酒田に来ていただいてお話ししてもらった時、統計を辿りながら中華圏との向き合い方を力説されていたのが印象的でした。いま、中国との関係をきちんと押さえようとする人がほとんどいないですよね。日本経済の動きにとって中国はすごく大事だと言われる一方で、安倍外交の強硬姿勢とシンクロして、ネット右翼が中国や韓国にヘイトを繰り広げる。そういう背反が広くなっています。経済的にはつながりが深くなっているのに、軽蔑的な雰囲気が強まっていく。前回の寺島さんの問題提起にもつながりますが、米中、日米、日中、これをもう1回きちんと押さえないと、この先とんでもないことになる。

**寺島**　中国に対する複雑骨折したような感情が、平成の30年間で起こっている。平成がスタートした時、統計を見ればわかるけれど、中国のGDPは日本の8分の1から7分の1だったわけですよ。ところが去年、日本の3倍近くになった。GDPだけが指標ではないけれども、日本人はこのものすごい勢いの転換に、頭の中で思考がついていかない。突きつけられてくる指標が全部かつてと反転したものだから、中国に対する上から目線の優越感を、どう整理していいのかわからない。心の中では中国に対する警戒心と恐怖心と嫌悪感とを持ちながら、一方で中国の爆買いしてくれる観光客は来てほしい、みたいなものです。来るとうるさくて嫌だから、さっさと買って帰ってほしいという感じもある。平成の30年間で日本人の気持ちの中で整理できない変化が起こったこととの重大な要素がこれなんです。

**佐高**　中国経済の台頭から受ける圧迫感ゆえに、反中感情を募らせていくというメカニズムもあるような気がする。それは確かに、この30年間に形成されて、現在を規定するような変化ですね。

**寺島**　それから平成は、冷戦後の30年と並走した。89年という年はまさにベルリンの壁が崩壊した年でした。89年12月のマルタ会談で、ゴルバチョフとブッシュの間で冷戦終焉の宣言がなされた。平成という年代はそこから動き始めて、冷戦後の30年とまさに並走したわけですが、冷戦が終わったからこそ動いた、二つの革命がある。一つはIT革命であり、もう一つは金融革命、すなわちマネーゲームの肥大化です。

それがなぜ冷戦後と関係あるのかと思う人がいるかもしれないけれど、冷戦の時代には、理工科系の研究者の3分の1以上が軍需産業に吸収されていたわけです。冷戦が終わって軍需産業が圧縮されていくプロセスの中で、軍需産業に関わっていた人を金融が吸収していき、金融のビジネスモデルが変わった。それまでの産業金融とは違う、いわゆる金融商品と称するものが多様化して、そこにIT革命が乗っかる。インターネットの登場自体、冷戦の終焉をテコにしたものです。ソ連の核攻撃を想定してペンタゴンが開発したアーパネットという軍事技術の民生転換だったわけです。

## アメリカ衰亡論は間違いだった

**佐高**　私なんかは冷戦崩壊後の世界の政治的色分けの変化という視点ばかりで見がちですが、ＩＴ化による経済の流れの根本的な変化や、また人々の意識の深い変容が複雑にからんでいるわけですね。新自由主義の登場もそこに介在してくるのでは。

**寺島**　佐高さんからいま新自由主義というキーワードが発せられました。冷戦が終わる10年前くらいから、フリードマンの思想を背景にして、レーガンやサッチャーが主導した規制緩和という流れが出てきた。この新自由主義の潮流が、まさにＩＴ革命と金融革命をエンカレッジしたんです。ですから、この時代の底流に流れていた思潮が新自由主義です。それが理論的な裏付けとしてイデオロギーになり、冷戦後のパラダイムを作っていった。

いま我々がアメリカという国を評価することが難しくなったのは、アメリカが国家として冷戦後のマネジメントに明らかに失敗したということが一つある。冷戦後の米国の一極支配から、9・11が起こって、「イラクの失敗」を契機に、アメリカは世界をリードするレジティマシー（リーダーとしての正当性）を失った。ところが皮肉なことに、冷戦が終わったというパラダイムの中で、ウォールストリートとシリコンバレーという化け物のような存在が肥大化していった。それは米国の産業政策が成功したとか、政府がインセンティブをつけたとかいう話ではない。80年代末の瞬間的な輝きの中にいた日本人が飛びついた、アメリカの衰亡論は実は間違いだったということです。IT革命とウォール・ストリートのしたたかさによって、どっこいアメリカはそういう文脈では生き延びた。しかし指導国として世界を引っ張っていく政治の指導力は失ってしまった。

日本はどうか。まさに新自由主義とIT×FT革命に巻き込まれるように走ってきて、私の言葉で言えば改革幻想に突き進んだと思います。見よう見まねの新自由主義に一生懸命になって、その旗振り役と化した。竹中平蔵や大前研一と言うとわかりやすいと思うけれど、新自由主義の中に日本を乗せていこうとするイデオローグが登場して、その人たちに幻惑させられるかのように。例えば「行政改革」だと言って、やったことと言えば省庁再編に終わった。省庁再編によって何が起こったかというと、皮肉なことに日本では、ＩＴ革命は総務省が推進する母体になったわけです。総務省だから「アザーズ」（その他）ということですよ。

**佐高**　雑事ですね。それが日本のＩＴ受容の歪みになった、と。

**寺島**　そうです。ＩＴ革命を、国家として雑事と受け止める組織を作ってしまったというところに、すでに敗北宣言がある。しかも日本人らしく工業生産モデルの成功体験の延長の中でＩＴ革命を捉えているものだから、私は直感的に、日本人のＩＴ革命受容は危ういものになるぞと、その時から思いました。実際のところ、ＩＴ革命にコバンザメあるいは巾着切りのようについていって、損にならず得をするプロジェクトは何だろうということばかり考えたのです。回線業者か、あるいはデバイスという半導体と電子部品とか、ｅビジネスと称する通販とか、自分たちでわかる範囲のＩＴ関連ビジネスモデルばかりを推進したのです。

## 「ブラックボックス化」と「デファクト化」

**寺島**　ところがＩＴ革命はそんなものでは終わらずにデータリズムの時代に入った。そして、新たなデジタルエコノミーの時代を作ってゆく。ビッグデータだの何だのとプラットフォーム自体を変え始めた。それがＧＡＦＡの存在です。アメリカがＩＴ革命でＧＡＦＡを生んだのとはまったく違う局面に、日本は置かれている。機を見るに敏な投資家としてのソフトバンクの孫正義は生んだけれど、ＧＡＦＡは生まれなかった。自前でつくり上げた創造的なビジネスモデルが１つもない。シリコンバレーのアップルのスティーブ・ジョブズたちは全ての人間の生活のプラットフォームを変えたわけですから。

**佐高**　私はＩＴ関係の知識がほとんどないから、寺島さんの時代分析を聞いて、日本のＩＴ市場のオリジナリティのなさについては私なりに理解できましたが、寺島さんもＩＴ革命を単に肯定的に見ているわけではないですよね。

**寺島**　もちろんです。ＩＴ革命の性格は、「ブラックボックス化」と「デファクト（de facto）化」という二つの言葉で言い表せます。

「ブラックボックス化」というのは、我々だってコンピュータを使えるようになってしまったということですよ。コンピュータの勉強を何もしていなくても、マウスというものが出てきて「あなた、クリックくらいできるでしょう」と言われるがままにクリックしていれば、パソコンを使いこなしているという思いになっていく。スマホのページをめくって押せば、誰だって動かせるものになってしまった。だから実は何も賢くなっていないのに、情報にアクセスできるという幻想の中に多くの人が取り込まれていて、地アタマがどんどん悪くなっている。

なぜ活字の本が重要なのかというと、書店や、古書店や、図書館や、自分の書斎で、背表紙を見てその本とその隣の本との相関性が自分の頭の中に去来してくる、また予感として伝わってくるところに大きな意味があるのです。検索エンジンをかけて、めくってピンポイントでわからない言葉を検索してつなぎ合わせれば、その書物がわかったような気になることの危険性に気がつかなければいけない。つまり、我々自身もブラックボックスの中にいつの間にかはまり込んでいる。
「デファクト化」について言えば、NECなどが、小型コンピュータを製造して日本が先行しているかのように錯覚を起こしていた時代がありましたでしょう。ところが、それがあっという間に嘲笑われるかのように、マイクロソフトのOSなどの実質的な(デファクト)世界基準によって流れを作られてしまうと、完全に時代遅れになってしまうということです。そして、日本のコンピューターメーカーはほとんど米企業のOSのアンダーテイカーみたいな存在に成り下がってしまう。グローバルスタンダードを作りきれない悲しみというかな。

## 101歳の生命の燃焼力

**佐高**　寺島さんが問題にしているのは、ITを批判するうえでも、ITを進めるうえでも、いまの時代に自前の創造性を持てるか、ということですよね。

**寺島**　まさに。佐高さんが相手だから内面の吐露のような話をしますが、この間から私は気になっているんだけど、我々も70歳代に入り、心の中に一つの本音がある。それは、自分の創造力と必死で戦わなければ、という思いです。昔の名前で食っていたり、表層の権威にしがみついて食っていくのではなく、自分にどれだけの創造する力があるのかを問いつめないと、世の中とも時代とも、わたりあっていけない。

このあいだ改めて驚いたことがあって、それは、葛飾北斎です。世界を変えた絵と言われ、レオナルド・ダ・ヴィンチの「モナ・リザ」に次いで有名な絵だとも見なされている、北斎の「神奈川沖浪裏」。あのものすごく劇的な波の絵です。浮世絵の歴史からしても、北斎の画業としても、一つの到達点でしょう。あの絵を、北斎は71歳の時に描いている。「富嶽三十六景」は73歳の時に完成した。その時に北斎はあとがきのようなものを書いていて、「自分が70歳までに描いたものは取るに足らないものだった。自分は73歳にして思うとおりの絵が描けるようになった」と言っているわけです。これは震えが来るような話です。当時の70何歳というのは、いまの100歳以上ですよ。

我々はただ年齢を重ねていればいいのではない。自分の蓄積してきたものを埃まみれにしないで練磨し、見てきたものを虚構としないで時代の中でさらに鮮明な像にし、体験を軸にして思索をより体系化して、若い世代にしっかりしたものを残さなくてはいけないと思うのです。高齢化社会の議論を、自分たち自身がクリエイティヴなものにしようとする本気と殺気——我々の議論にはそれがなければいけない。

**佐高**　北斎の話で思い出すのは、やはり、むのたけじで、彼は１０１歳の時に『笑う１０１歳』という聞き書きの新書を出している。そこで彼は「死ぬ時、それが生涯のてっぺん」と言い放っています。むのたけじの生涯というのは反骨に貫かれているわけで、その生命の燃焼力も凄まじいと思います。

**寺島**　なるほど。佐高さんの加藤周一への違和感を含んだ評価というのもあるでしょうけれど、２０１８年の10月に立命館大学で加藤周一没後10年を記念して「加藤周一を引き継ぐために——戦後日本と加藤周一」という講演会をやりました。私は2時間くらい話しました。その時に加藤周一の言葉をもう1回思い出してみたんですが、彼は私との対談の中で「自分は年齢とともに物事のつながりがわかってきました」と言っていた。彼は当時85歳でした。それを僕は対談の時点では聞き逃していたんだけれども、考えてみれば知の体系化ということを言っていたのだと、いまにして思い至りました。先輩から聞いた言葉をもう1回、自分の中で咀嚼して静かに思い返してみると、私自身がアメリカで体験したこと、私はイスタンブールに5回行ったことがあるのですが、そこで気になってメモに書いていたことが、いまになって蘇ってきた。

## 石橋湛山の元号廃止論

**寺島**　『世界』の連載でビザンツ帝国のことをテーマにして、東ローマ帝国のことを書き込んでいる瞬間に、「そうだったんだ」とつながりにはたと気づく。我々は東西にローマが分裂したという話を知識としては知っているけれども、明治以降の近代日本では、ドイツからイギリス、フランス、オランダ、イタリアにかけての西ヨーロッパの伝統、つまり西ローマ帝国の残影を、欧州だと思い込んできたのです。ところが東ローマ、ビザンツ帝国のイスタンブールの存在感が、その北のキエフ、いまのウクライナ、そしてロシア正教にまでつながっていて、さらに現在のプーチンの語る「正教大国」にも接続している。ロシアの歴史の一つの原点に、キエフ大公のウラジミール一世がいるんですが、彼はロシア正教を国教として統一封建国家を率いた。プーチンの名前はウラジミール・プーチン。やはり正教を軸としたロシア主義に傾斜し、大統領という名の「ツァーリ」とも言えるプーチンの胸に、果たしてウラジミール一世がどんなふうに刻印されているか。

視界から消され、つながり合いが隠された事象や知識を思い起こさなくてはいけない時に、自分がイスタンブールで見たものが突如、蘇ったりするんです。その時、「つながりがわかってきました」という加藤周一の言葉が本当の意味で理解できるようになった。ただ断片的な世界漫遊ではなくて、問題意識の中で世界史のつながりと展開を把握するというのが、私がいま向き合っている、創造に対する一つの態度です。

**佐高**　寺島さんの、世界史的な「つながり」への問題意識を私なりにいまの日本に引きつけて言うと、改元騒ぎに対する反発があります。令和は国書からとったと喧伝されたけれど、もともと中国に出自を持つのは明らかじゃないか、と。私は、中国に対して、文化的にも歴史的にも、認めるべきことを認めるべきだと思う。日本の中国認識は１９１５年の対華21ヵ条要求の時の上から目線がいまだに続いているような感じがします。

それと、石橋湛山が「元号廃止すべし」とすでに１９４６年に書いている。いまだに元号なんて、世界の共時性から離れるだけじゃないかと。私が元号廃止論を言うと「あいつは左だから、そうだろう」と言われるけれど、自民党総裁で首相をやった人が元号廃止を唱えている。それをどこも書かない。世界史の共時性と通時性、いずれからも日本が切り離されるばかりだという気がします。

**寺島**　万葉集の中に令和という言葉があるならともかく、令と和をばらばらに持ってきたわけでしょう。それなら漢和辞典の中にある漢字を二つ持ってきたというのと同じような議論なんだけど、ある種の物悲しさを覚えるところがあります。さきほど話した「からごころ」と「やまとごころ」なのです。心はそこに尽きる。私は本居宣長を、「やまとごころ」の古層に分け入ることで開かれた国学に向かったというふうにも理解しているんですが、一方いまの日本は、中国から文明文化的に多大な影響を受けてきたコンプレックスの裏返しで、「これはからごころじゃない、やまとごころだぞ」と自分に言い聞かせて虚勢を張っているような印象がある。しかし万葉集の時代には、基本的には漢字を使っていたわけで、それをあえて「出典は万葉集で、中国ではありません」と言わなければいけない弱さと息苦しさね。

## 加藤周一と田中角栄の中国論

**寺島**　一つ重要なことを思い出したのですが、加藤周一と田中角栄はほぼ同い年なのですよ。たしか加藤周一が1歳下くらいです。去年が田中角栄生誕100周年だったでしょう。我々の感覚で言えば、一人は保守の政治家、もう一人は戦後日本のリベラルのシンボルみたいな人だけど、私は去年、加藤周一の没後10年に関わり、一方で経団連ホールで角栄生誕100周年の田中真紀子さんとの対談につき合い、しかもどちらも10月だったのですが、調べていくうちに「おや？」と思ったのは、この2人はまったく同じ時代を生きたのだということです。もちろん立ち位置の違いは当然ありますが、たとえば中国に対する問題意識では共通している部分がある。

田中角栄はノモンハン事件のとき病気で死にかけて、戦友が死んでいくのを目にして悲しんだ。まさに彼自身が関東軍の一兵卒として満州にいた。彼は21歳で肺炎になって日本に送り返される。新橋の駅で担架か何かでぶん投げられた時、「自分はここで21歳で死ぬんだな」と思ったと彼が言っていたと真紀子さんが話してくれたのですが、田中角栄の戦争体験は強烈ですよ。

一方で加藤周一はエリートで、東大の医学部を出たお医者さんです。彼の戦争体験と言えば、1945年3月の大空襲で東大病院に担ぎ込まれてくる患者と向き合って、徹夜の戦いをやっていた。8月15日の終戦は、信州の結核病院で医療活動をしていた時に迎える。加藤の中国への思い、田中が中国との国交回復に動いた思いを、それぞれが書いたものの中に読んで感じるのは、近代史における中国と日本の関係について真剣に対峙しているということです。近隣の国どうしの宿命を見つめたうえで、自分たちは中国に迷惑をかけたと振り返る、その厳粛な誠実さ。中国に対する深い思いというものが、二人の中国論の中に滲み出ている。いま日本人が、対華21カ条要求の時代を受け継ぐことが誇りだと思うような屈折した世界観に向かっていることの意味を、我々はよく考えなくてはいけない。我々はその間を生きる世代として、加藤や田中のような先輩の思いを的確に受け止めて、次につなげていかなければならないでしょう。つくづく重要な位置に、時に、立っていると思いますよね。

**佐高**　そうですね。ちょうどいま、魯迅を改めて書いているんです。魯迅は1881年生まれです。石原莞爾が1889年生まれ。石原はヒトラーと同い年です。魯迅と石原がともに、1904年、日露戦争の年に仙台にいるわけです。魯迅は仙台医専、石原莞爾が陸軍幼年学校で仙台に来る。仙台のどこかですれ違っていたかもしれない。だから私は「1904年秋、仙台」という章から書き始めたんです。この二人の軌跡ですね。

関東軍参謀として石原莞爾が創設に関わり、五族協和を実践するのだといって、満州建国大学というのが1938年に開学する。わずか7年間しか存在しなかった。1学年150人で、半分が日本人。白系ロシア人とか中国人とか朝鮮人を入れての共同生活なんです。

## 五族協和というキャッチコピーの魔力

**佐高**　凄まじい話なんですけど、主食が配給される時、日本人学生には米が配給されるのに、中国人学生は高粱。中国人が米を食うと罰せられる法律があったといいます。満州建国大学の日本人学生は学費から何からすべて無償で、いまの防衛大みたいに金まで出た。そうすると学力のある貧乏学生が日本から行くわけですね。記録文学の上野英信が行くんですけど、いきなり主食の配給の問題に突き当たる。これはとんでもない差別ですよね。そして学生たちからの批判が起こり、米と高粱を混ぜた高粱米を共有するようになる。

一方、建国大では、日本では発売禁止だったマルクスの本なんかも読めたんです。トロツキーを講師に呼ぼうとした話まである。そういう特殊に自由な大学で育って、学生のほとんどが反満抗日になっていく。かなり多くの学生が関東軍の憲兵隊に引っ張られるんです。石原莞爾が東條英機との争いに負けて引き上げてから、ますますその傾向が激しくなる。石原莞爾は五族協和を語ったけれど、実際には貫徹しなかったではないか、と。建国大は、魯迅の弟で北京大学にいた周作人も教授に招こうとするんだけど、周作人に断られます。

中国人の卒業生たちは、戦後、満州建国という帝国主義の協力者と言われて、ひどい目に遭う。だから建国大学出身ということを隠すようになるんです。彼らは文革の時に厳しく弾圧された。

満州に作られた大学に集った若者たちの軌跡を少しばかり追っただけでも、途轍もない苦渋の歴史がある。そんなことをまったく踏まえないで、対華21カ条要求のままというのは、論外だと思うんです。

**寺島**　少し別の角度から話します。当時の満州体験を引きずっている人たちが日本にはまだいて、新橋あたりに不可思議な団体がある。私は1回呼ばれたことがありますが、いまだにそんなことを夢見ているんだと驚きました。石原莞爾については、大川周明とともに私のほうからも改めて問題を提起したいのですが、当時、五族協和を本気で信じた人たちも少数いたわけですよね。コンセプト・エンジニアリングした人たちは、戦前の日本の正当化をはかるために、大東亜共栄圏だ、あるいは八紘一宇だ、あるいは五族協和だと方向づけた。言葉としては、カッコいいですよ。しかし実態は、いま佐高さんが話されたようなことが次々に出てくる。虚構の正当化のための言葉をもてはやすつもりはまったくないけれど、ある種の構想力に支えられたキャッチコピーであり、ある時代では輝いて見えたのだろうなとは思うんです。

最近の中国の「一帯一路」にしても、よくぞそんな言葉を思いつくなというキャッチコピーを持ってくる。ただし、ここには一定の構想力がある。ところがいまの日本人は、そういうキャッチコピーを思いつかないほど矮小になった。北朝鮮はやばいとか、中国は危険だとか、韓国はいけすかないとか、そういう生理的に吐き出された低次元の言葉ばかりだ。私が悲しみと怒りを覚えるのは、いまはトランプも含めて指導者そのものが隣国の悪口を言って歩いているレベルになっていることです。指導者であるならば、語らなければいけないことがある。まわりの連中が「中国はとんでもない」とけしかけたら、「君たち、違うだろう」と言わなくてはいけないんです。指導者というのはそういうものです。

少なくとも日本のアジアへの向き合い方を考えた時、いまは、「中国はひどいよね」「韓国は大した国じゃないよね」という類のことを言っている場合ではなくて日本はアジアをどうしたいのか、どうやってアジアがつながり合えるかという構想を語らなければいけない立場なのに、どんどん劣化しています。指導者だけではない。先日も話しましたが、経済界のリーダーもそうです。

## 全体知に立った構想力へ

**佐高** かつての構想力を持った帝国主義者よりはるかに劣るヘイトに、いまの日本人が取り憑かれている。

指導者論として語るなら、寺島さんがかねがね言われている、団塊の世代を中心にした戦後先頭世代の責任も、この惨状に対して、大きくあると思います。

**寺島** そこなんです。彼らの、というか我々の世代のというべきかもしれないが、「甘さ」を厳しくえぐるべきです。菅直人にしても、鳩山由紀夫にしても、悲しいまでの甘さを持っていることを確認しなくてはいけない。

けれど同時に、団塊の世代のサラリーマンは、僕のまわりにぞろっといますけど、彼らは本人の力が不足していても、日本が成長していくリズムの中を走ってきた。本人のスケールが大きいわけでもなく、偉大な構想力を持っていたわけでもないんだけれど、組織の成長を自分の成長に重ねながらやってきたから、目線が上に向いている部分があった。虚構の成功体験というべきですが。

ところが、いま40代から50代の人と話していちばん感じるのは、90年代にバブルが弾けてこの方、つまり平成30年間を走った連中は、会社の中で与えられる役目がしんがり戦だったんですね。アジアの工場の監督などを真面目に頑張ったから評価されて、会社の中で執行役員くらいは与えられているんだけれども、語っても語っても何の構想も出てこない。かつての日本の中国に対する振る舞いについての佐高さんの発言を受けとめたうえで、一方の私の感覚では、五族協和なんてよく思いついたな、という思いもある。パラダイムが本当に変わっちゃったな、というのが私の偽らざる印象です。

**佐高**　石原莞爾は、私の故郷の酒田の隣の鶴岡の出身で、そこから関心を持って石原の評伝を書いたときになるほどと思ったのは、六族協和を考えた人もいたわけです。六族の6番目はユダヤ人なんです。差別されているユダヤ民族を本気で迎え入れようという発想です。その系譜に杉原千畝がいるわけでしょう。理念で現実を突破していく可能性が、わずかにあったんですよね。侵略戦争の中に、具体的にその可能性が少しだけあった。

**寺島**　キーワードにある種の魅力があるわけですよ。石原莞爾の「世界最終戦争論」なんて、いま誰も思いつかないでしょう。そんな誇大妄想みたいなことを考える人は、いまの日本人の中にはいない。私は新しい時代のあらゆる要素を視界に入れたうえでの構想力が問われていると最近思うんですよ。全体知に立った構想力。萎んで矮小に、隣との境に生えた筍をどちらが採るかというような話ではなくて、世界をこういう秩序にもっていこうというくらいの構想力が。平成30年間の埋没状況を前提にして、新しい生命科学が生まれ、新しいコンピュータ・サイエンスが進化し、新しい知を吸収した上での新しい次元での構想力が問われ始めている。そこで我々がどういう役割を果たせるかというのは重要で、過去をアウフヘーベンしながら、新しいヴィジョンにつなげられるかが時代のテーマだと思っています。

# 第3章

# 「微笑み鬱病」の時代

## 弱肉強食を正当化する新自由主義

**佐高**　寺島さんは前に、ＩＴに関わるコバンザメ商法の話をしました。日本からはＧＡＦＡは生まれなかったけれど、ファーウェイにしても、中国は思いつくわけですよね。

**寺島**　そうです。テンセント、アリババ、ファーウェイの世界ですね。アメリカも中国も、誇大妄想みたいな人がいる。先日、全アジアのエンジニアリング専門家を集めた大会が池袋であって講演をしたのですが、エンジニアリングの先頭を走っている中に本当にそういう人物がいるんですよ。そこから見ると日本は、誰かが思いついたルールと誰かが思いついた構想の中で、大儲けはできないけれど損しないように、一儲けくらいできるようなチャンスを虎視眈々とうかがっているだけ、という感じなのです。

**佐高**　ソニーの井深大とか、ホンダの本田宗一郎とか、創造的な実業家は、あくまで日本の中では異色なんですね。主流ではない。

　寺島さんの話を聞いて思い出すのは、師匠の久野収が言ったことで、理性の手段化が問題だ、と。目的そのものの可否を理性によって問うのではなくて、理性が手段として使われてしまうことの問題。新自由主義はまさにそうだと思うんです。全体の社会がどうなるかという構想がないままに、競争、弱肉強食を規制緩和という名前で正当化していく。つい昨日、早野透に見当違いの怒りをぶつけたんだけど、朝日新聞が竹中平蔵のインタビューをでかでかと載せた。何をやっているんだ、と。政治部出身の早野に敬意を払って、朝日は政治的にはリベラル路線かもしれないが、経済は新自由主義路線じゃないかと言い募りました。だから朝日は、政治と経済が分離している。朝日の経済部の記者は、竹中の信奉者ですよ。だから編集委員の原真人がインタビューして、竹中が大々的に登場するんです。インタビューには批判的な問いがほとんどなかった。

　ついこの間、東洋大の学生が竹中の授業を受けたくないと一人で立て看板を立てて、大学に呼び出されて退学かという話になった。そのくらい気骨を示した学生がいたわけです。竹中なんて、真剣にものを考える若者にとっては、派遣労働を当たり前にした人間でしょう。彼らにとっては許せない存在ですよね。

**寺島**　たしかに朝日には規制緩和がいいんだと思い込んでいる記者がいる。

**佐高**　維新の論者と似ていると思う。竹中は橋下徹と近かったわけでしょう。

**寺島**　私は新自由主義に対してどう向き合っていくかが、これからも大きなテーマだと思います。佐高さんから重要な問題提起があった。朝日でも、新自由主義に対して基本的な批評眼をどこに置くかということが混濁している、と。どういう文脈で混濁しているか。新自由主義のいちばんシンボリックな現れが、米国で１９９９年に金融活動を規制するグラス・スティーガル法を廃止してしまったことです。それが銀行と証券の垣根を取り除いた。そしてリーマンショックが来た。新自由主義の挫折だったわけです。

## 新自由主義者がリフレ経済学に転換した

**寺島**　本当にセンスのいいメディアなら、規制緩和すべき領域と規制緩和してはいけないテリトリーを見極めて、規制緩和論者に対して「しっかりした資本主義社会のルールを持ち込まなければならない分野はどうなるのか？」と問わなければいけない。それをただ「新自由主義はけっこうだ」と拝聴しているのではね。私に言わせれば最大の論点は、新自由主義者がいつの間にかアベノミクスを支えるリフレ経済学に転換していることです。

リフレ経済学というのは、国家が異次元の金融緩和を強行して、インフレを誘導し行き詰まった金融を救おうというものです。これはリーマン後に発動しました。結局彼らは、御都合主義的にイデオロギーを持ち出してくる。世界を救うために、新自由主義と心中する覚悟でまっしぐらに進むというのなら、それはそれで一定のリスペクトをしてもいいけれど、不都合が起こると金融セクターに国家の金を突っ込み、国家の異次元金融緩和と国家のマイナス金利で支える状況を作り出していく。それをリフレ経済学と称して、いつの間にか宗旨替えしているくせに、していないかのように生き延びようとする。これに対して佐高さんはコンスタントに怒っているのだと私は思っているわけです。

**佐高**　朝日的なメディアは、経済というのはニュートラルなものだという変な幻想があるのではないか。ところが経済こそが確固たる思想、理念に基づかないといけないわけでしょう。

**寺島**　アベノミクスに対する本質的な批評眼を持ち得ていない理由はそこにある。

**佐高**　そうなんですよ。だからアベノミクスを批判し切れない。政治的な面でアベノミクスを批判していても、下半身の経済が別の方を向いていたのでは、舵が取れない。

**寺島**　森友・加計では批判しているけれども、アベノミクスでは絶句するという。

**佐高**　逆に加担している。でも朝日に限らず、政治と経済の分裂はありますよね。

**寺島**　メディアの立ち位置や批評性が難しいのは、一つにはそれがあるでしょうね。

**佐高**　長谷川慶太郎と城山三郎が同い年なんです。長谷川の系譜は堺屋太一であり竹中平蔵である。これはまた人脈的にもつながっている。もう一方には城山さんがいて、内橋克人さんがいて、寺島さんや私がいる。経済の出発点として、理性を手段として使わないという系譜です。どういう社会にするのかを考えて、そのための経済理論を構築する。しかし彼らにとって経済は、金儲けの手段なんです。だから寺島さんの言うようにご都合主義になり、イデオロギーもつまみ食いで、古くなったら違う衣を被りましょうという話になる。かつて「電力の鬼」と呼ばれた松永安左エ門が、近衛文麿内閣ができた時に、「浮かれ革新めが」と怒ったらしいけれど、改革や維新を名乗る奴らに気をつけろ、というのはありますよね。

## 成功体験のない時代

**寺島**　まったくそうです。行政改革は省庁再編に終わり、政治改革は選挙制度の手直しというか、何ともつかない小選挙区比例併用になった。小泉改革では本丸は郵政民営化だと喧伝されたけど、かんぽ生命の問題をみても分かるごとく、いまでは溜息混じりで振り返るしかない。ほとんどの人が改革に疲れ果てて、改革という言葉さえ持ち出したくなくなってしまった。揚げ句、いまや停滞と埋没をもって安定と誤解するような空気に、時代がすっかり埋まり込んでいる。停滞でもいいではないかという空気です。

いま日本人が気をつけなくてはいけないのは、「微笑み鬱病」の状態にあるということですよ。顔は笑っているけど鬱病だという症状です。世論調査やライフスタイル分析を凝縮して見てもわかるんだけど、年間8000万人がエンターテインメントパークに行く、と。そのうち約5000万人が西のユニバーサルスタジオと東の東京ディズニーリゾートに行っていると言われている。「皆さんそうやってますよ」ということに安心して、一緒に楽しんでいることにある種の喜びを見出している。

この間、ディズニーランドの研究をしている人から聞いて、いよいよ日本も危ないと思ったのが、我々の世代に近い爺さんで毎日ディズニーランドに現れるのが何人もいるというのです。「ダッフィー爺さん」というのがいて、ダッフィーを20個くらい抱きかかえて、年間パスポートで毎日ディズニーランドに現れるらしい。ダッフィーというのはディズニーが作った熊のぬいぐるみです。「なぜ?」と思うでしょう。成功体験のない時代だから、彼はディズニーランドに毎日来て、若い女の子が「おじさんすごいね」と言ってくれるのが無上の喜びになっているのではないか。

**佐高**　末梢神経の喜びですよね。寂しい話でもあります。

**寺島**　本当に。皆が同じように均質化してきているのが怖い。ディズニーというのは、ものすごく読み切った戦略を持っている。音楽的にもアート的にも一流のものを使って作り上げている虚構なんです。何がポイントかというと、かつて新橋烏森とか新宿の一部の地域のようにごった煮的に雑然としていたのが魅力だったはずのニューヨークのタイムズ・スクウェアに、ディズニーが進出してきた途端に、綺麗に端正に清潔になったということです。ディズニーのキャラクターは虚構の存在だから、トイレに行かない。醜いものを持たない存在なんです。

ディズニーのコンセプトは目の前からゴミと汚いものを消して、たえず清潔な空間を作っているんだけど、でも人間は清潔なものだけでは生活できない。人間の魅力は混濁したものを併せ持つところにあり、それが団子のようになって生きているから人間社会なわけじゃないですか。ところがディズニーは、この世に一切汚いものがない空間を虚構の世界として作っている。その中に迷い込んだ爺さんがダッフィー抱えて「いいね」と言われることに生き甲斐を覚える。いま危険なのが「いいね」だと思います。ネットでの「いいね」です。なぜ、「いいね」欲しさに生きるような人間が登場したかというと、やはり成功体験がないからです。人気ラーメン店を作ろうと思い、ラーメン一杯に命をかけ、美味いラーメンが作りたいという思いでやり遂げて、ようやく客も来てくれるようになり、「ついにやったぞ」という、額に汗した成功体験がない人間が、虚構の中での成功体験を求めるんです。

## プロフェッショナリティと「一人前」

**寺島**　私は中央公論の粕谷一希さんに「寺島君、書いてみないか」と言われて、1985年に『われら戦後世代の「坂の上の雲」――ある団塊人の思考の軌跡』を出すまでは順風満帆のように書いてきたけれども、「君も頑張れば物が書けるようになるよ」なんて言われて、最初はけんもほろろな応対の中でやっていた時代があった。それが飯を食っていくという、峻厳な道じゃないですか。

このあたりは佐高さんと私とで意見が違うのかもしれない。私はブラック企業を認める気なんてひとかけらもない。だけどプロフェッショナリティにおいて、いま日本が愚かなところにはまり込んでいると思うのは、働き方改革ですよ。たとえば佐高さんが一人の自前の物書きとして食っていくために今日まで闘って生きてきたように、自分で主体的に生きようとする人が、どんなことをしてでも自分はこのジャンルでプロフェッショナルになるぞというものが一つくらいあるべきです。若い時代にそれを命がけでやらずに一体どうしていくんだという気がする。金曜日は5時に鐘がなってプレミアムフライデーだといって帰っていき、10連休があると喜ぶ。いま日本は年間労働時間で世界42位に落ちました。もちろん私は長時間働けばいいなんて思わない。集中してやり遂げるパフォーマンスが重要なのであって、何時間働いていればいいという話ではない。だけど日本全体が、プレミアムフライデーに喜び、40歳代にもなって成功体験の一つもない連中ばかりになってきていることに、とんでもないものを感じています。

**佐高**　そのあたりについては私も原理主義的な労働問題評論家ではなくて、職人性や手仕事を携えた「一人前」へのこだわりが強くあります。笑い話みたいだけれど、新聞記者の夜討ち朝駆けに車を使うなという話になってきている。車がないと夜討ち朝駆けできないでしょう。そうすると取材の突っ込みが足りなくなる。「なんでそうなるの？」と訊いたら「働き方改革だ」と。新聞記者が働き方改革してどうするのかって。

**寺島**　だって労基（労働基準監督署）が入ってきてしまうんですから。時間労働と違う世界、プロフェッショナリティというのがある。そこは国が手を突っ込んでくるような話ではないと私は思っている。

**佐高**　報道の自由度で、日本はいま72位でしょう。労基を全面に出していけば、夜討ち朝駆けもしないようにできる。取材の突っ込みは弱くなる。すると表立って言論を弾圧しなくても、法と正義でメディアを弱体化できるわけです。

**寺島**　それが私の言う微笑み鬱病なんですよ。滅びの色は明るいというやつです、皆で集団的安楽死に向けて合意を形成していこうとしているかのような国で、なるべくお休みの多い楽しい国にしようと一生懸命やっているうちに、気がついてみれば「一体何なのこの社会は」という状態になっている。

## メディアはなぜ終わったか

**佐高**　いまほとんどの週刊誌が終活の特集で売っていますよね。死の礼賛とまではいかないけれど、どうやって死を迎えるかという話ばかりになっている。どうやって生きていくかではなくて。これはゆるやかに強いられた自殺みたいなものです。

**寺島**　終活のカタログ化なんてどうでもいいよという反発心がない。終活と、それでもなお覗き見しようという袋とじが一緒になっているから余計にわけわからない。

**佐高**　死に際を、美しくまでいかなくとも、迷惑かけないようにしましょうということですよね。

**寺島**　はっきり言って週刊誌は使命を終えつつあると思います。『文春』はスキャンダル・マガジンとして一時期ハッスルしたけれども息切れがきているし、週刊誌は存在している意味があまり感じられなくなった。新聞も去年1年間で230万部減ったといいます。

**佐高**　新聞は週刊誌よりも先に終わっていますよね。だってスキャンダルを追わないということは、メディアの店じまいに近い。このあいだ、『噂の眞相』の岡留安則のお別れ会があったんですが、岡留は『滑稽新聞』の宮武外骨が好きだったとよく言われるけど、むしろ『萬朝報』の黒岩涙香に近いと、私はそこで話したんです。黒岩涙香は「蓄妾実例」といって、政治家や文化人の妾を次々と暴露した。伊藤博文から森鷗外まで。

**寺島**　迷惑な奴だな（笑）。

**佐高**　たしかに（笑）。でもそれがいちばん利くんです。いま『噂の眞相』があったら、森友・加計で安倍政権は終わっているんじゃないか。容赦なく下品に攻めただろうからね。やっぱり新聞が上品になってしまった。

**寺島**　上品というよりも、伝えなければならないことが混濁しているんです。それは一つには、編集部もテレビ番組の制作部も、ネットばかり気にしている。関心事項人気ランキングトップ10とかを。自分たちが「これは伝えなければならない」と、情念込めて沖縄の問題をやるんじゃなくて、「沖縄なんて関心持たれてないよ。ネットランキングを見てみろ。10位以下だ」「じゃあ売れないですね。やめときましょう」という按配なんです。さっきの話とつながるんですが、ほぼ全員がディズニーランドとユニバーサルに行く時代なんです。番組を見ていると、「今週のネット関心度ランキングは、」なんて報道がなされている。だからどの番組も皆同じになるわけです。

**佐高**　自分の独自報道でネットのトップになってやるということにはならないんですね。

## 創価学会と液状化社会

**佐高**　それと、ディズニーランドをめぐる同調的な大衆化についてですが、宗教団体、特に学会と親和性が高いですよね。それが同調に、さらに圧力を重ねているのではないか。「行ったよね」という反復作用で固められて、同調しない者を弾き飛ばすという力学になるんじゃないかと思う。

**寺島**　創価学会や公明党の社会的意義を考える時、戦後、産業社会を支える優秀な働き手を輩出する学校ランキングだとかがシンメトリックにでき上がり、社会の前提が効率的な仕組みにがんじがらめになっていた時代を見なければならないと思います。そこへ、創価学会は一気に台頭してくる。たとえば東京の下町で、社会の下層にいる人たちは、東大法学部を出て一流企業に入って一流の人材として評価されるというプロセスを味わえない。そういう時代の間隙をついた成功体験として、創価学会に入って地域活動を真面目にやって区議会議員になり、そこから都議会議員に跳ね上がり、中には評価が上がって国会議員になれて、与党と政権を組んでいれば閣僚になるケースもありうるという、別の人生を目指す回路だったのではないか。

ところがいまは、創価学会も混濁状態に入っている気がします。なぜなら時代が変わり、世の中全体が液状化してきたからです。かつては安定した人生の成功のパターンに「銀行レース」という言葉があったように、メガバンクで働けば一生が見えると言われていた。でもいまは、そんなところで働いたからといって3万人首を切られる時代に入って、安定なんてなくなってしまった。かつてなら、高卒でトヨタ自動車に入る。島津製作所に入る。入って頑張っていれば従業員持株制度で、自社株を毎月5

000円買う。こつこつ買っていれば、卒業と称する60歳定年の時、高卒で一昨年島津製作所を卒業した人の自社株の価値は6億5000万だったという。トヨタの場合は2億5000万だった。それなら会社に対するロイヤリティもあるし、会社と並走する価値も感じるでしょう。

でもいま、我々に子どもがいて、どこの会社に入って働けば安定した人生が描けるかと質問されたとしても、「ここならいいんじゃないの」という企業はないというのが現実でしょう。ベンチャー企業のよほどのところでない限り。いま一部上場企業に勤めている20代の7割が転職サイトに登録しているという。インディードだとか、いろいろ出てきているでしょう。要するに、もしいまよりも良い話があったらと、尻の上が浮いているわけです。3年で3割が転職していくというのはまさにそういう時代になっているからです。すべての組織にそれが言える。

創価学会は一種のヒエラルキーになり、つまり学会自体が権力になってしまった。液状化した社会の中で、どういうモチベーションで持ち堪えていけばいいのかという混乱に入っていると思うんです。

## 格差と貧困からのトランプ支持

**佐高**　池田大作は、私はもちろん嫌いだけど、脂ぎったエネルギーを発散していましたよね。ところがいま、創価学会会長の原田稔も、副会長で次の会長候補と言われている谷川佳樹も、二人とも東大出なんですよね。そうすると池田の持つ、社会下層の、また制度の外のエネルギーは消えている。普通の人ですよ。

**寺島**　創価学会の二代目会長の戸田城聖は北海道の石狩育ちです。苦学して上京し、初代会長の牧口常三郎と出会っている。池田大作にも、東京の下町で育まれた深い情念がある。

**佐高**　トランプが出てきたラストベルトという一帯も、下層社会の怨念が渦巻いているわけでしょう。格差と貧困にあえぐ人々から批判的なエネルギーが出てくるのではなく、権力を求めてしまうという独裁政治の力学が生まれてしまった。

**寺島**　スティーブ・ジョブズがシリア人だったことに象徴されるように、インド人や中東系等、多国籍人の情念がこもった地域がシリコンバレーだった。シリコンバレーは国家の補助金に忖度している人たちが群がった村ではなくて、自分たちの才覚と構想力で作り上げたものです。それが力をつければつけるほど巨万の富を得ていく。一方、新自由主義のもとでアメリカの製造業はどんどん海外に出て多国籍企業と化していった。そこで中西部で空洞化が起こる。つまり格差と貧困がそこにしわ寄せされて現実化するわけです。ラストベルトの住人からすると、西を見ればシリコンバレー、東を見ればウォール・ストリート、自分たちはシカゴあたりでくすぶっていて、この先どうなるのか？という思いから、トランプへの拍手が起こってくる。だからあれも新自由主義へのバックファイアなんです。

**佐高**　寺島さんが先に、規制緩和してはいけないものがあると言われた。多民族国家アメリカは、苦悩しながら共生をなんとか積み上げてきて、「KKKみたいなのはだめだ」と抑え込んできたわけでしょう。でもトランプの発言は、飾りを取り払うとほとんどKKKの主張です。トランプの親父はKKKだったそうですね。トランプは、かつてのヘイトやテロルを露骨に揺り戻してしまった。

**寺島**　それが本音だ、というふうに。そう言うことが、率直な人だと受け取られ恐ろしいことになっている。

**佐高**　本音は汚いものです。だから規制やルールで隠すのが社会であり文化であるのに、アメリカは剝き出しの野蛮に至ってしまった。

## アメリカへの過剰同調

**寺島**　そういうアメリカへの過剰同調と依存の中でうずくまっているのが現在の日本なのだということは何度でも指摘しておかなくてはいけない。冷戦が終わったにもかかわらず、日本はこの30年間にアメリカとの間で、過剰同調という関係性しか作れなかった。冷戦の時代にはそれを理由に「東側に向き合うためには同盟軍で戦わなければならないんだ」と自分に言い聞かせながら、アメリカの一翼を担ってきたわけです。アジア上に乗っている厚い氷がなくなっても、「いや、冷戦は終わったと言われても。アジアにはあることにしておこう」と。アメリカは出ていこうとしているのに、「いや、出ていかないでくれ」と言うほうに回ってしまった。そういう観点からすると、ダッフィー爺さんは日本そのものだと言ってもいいと思います。

**佐高**　彼は内なる日本の空洞化を象徴しているだけでなく、外なる日本のありようでもある、と。私たち一人ひとりが、自分の内と外のアメリカと対決しなければならないということでもある。

**寺島**　おっしゃる通りだ。アメリカ人は、自分の構想とヴィジョンを持った人間をリスペクトするところがあります。ひとかどの人物だということに対して、ぐっと真剣に目を見るようになる。相手が軟弱な奴だと見るとなめてくるというのは当たり前の話です。幕末のミッションで渡米した、チョンマゲ結った日本人のほうがよほどワシントンで尊敬されていたわけです。この人たちは自分の意志を持って、役割を果たそうとしている、ということで。

勝海舟がアメリカから帰ってきてから発した言葉を思い出します。老中が「アメリカに行っていたそうだけど、どうだったか？」と訊いたら、「あの国では賢い人が上に立っています」と。どうしてそう思ったかというと、勝海舟が「時にアメリカの国父と言われているジョージ・ワシントンの子孫はいまどうしているんでしょうか」と尋ねたら、皆が顔を見合わせている。「さあ、どうしているんだろう」と、誰も知らなかった。それに勝は驚く。そしてその瞬間、民主主義とはこういうことかと思ったという。

我々が戦後世代として、また佐高さんが言うように個人として、いまこそ発しなければいけないメッセージの一つが、民主主義へのこだわりなんですよ。我々は、戦後民主主義を冷笑したり嘲笑ったりするのではなくて、民主主義がどこまで根強いものかを見届けないといけない世代なんです。戦後、我々は徴兵検査に並ばされたわけでもなく、張り倒されたわけでもない。国家の強制力によって「そういう言い方をしてはならない」と引きずり回されたわけでもない。自分の人生を自分で決めていいという時代に生きた。そのことをこの後の時代に覆してはだめです。我々の世代が戦後初めて、強制のない時代を生きた。そのことを、弱さも含めて伝える必要がある。

## 先行世代から民主主義を学び直す

**寺島**　私は自分の体験の中で、我々の世代の弱さを思ったことが何度かあります。ニューヨークで韓国人の同世代の人間が働いていた。三星物産とかいう三井物産を真似たような韓国の会社がいろいろ出てきていたんです。私が深夜に、韓国人が経営しているマンハッタンの八百屋に買い足すものがあって行ったら、昼間どこかで議論した、韓国の商社で働いている男が働いているんですよ。「何やってるの？」と訊いたら、「いや、子どもの教育に金が要るから、夜はここで働いているんだ」と。私が「大変だろう。昼は会社で仕事して、夜は八百屋でアルバイトなんて」と言ったのに対して、その男が答えた一言が忘れられない。「38度線で歩哨に立っていたことを思えば天国みたいなもんですよ」と。私はその時、「おっと待てよ」と我が身を振り返りました。

もう一つ、イスラエルにいた時、１９８２年にレバノン侵攻作戦が迫って、日本人は退去してくれという状況になった。そういう状況特有の怖さ、ひたひたと迫ってくる不気味さがあるんです。噂が流れて、「ソ連が核攻撃してくるかも知れない。早く退去しないと大変なことになる」と脅かされる。冗談じゃない、ここで核で死んだら元も子もないということで、取るものも取りあえず私も退去した。3カ月くらい経ってからまた戻った。当時つき合っていた日本の内調の男がいました。そいつがいなくなっているから、「どうしたの?」と訊いてみたら、「あいつ、気が狂ってさ」という。頭がおかしくなって、強制送還になったという話なんです。本当かよ?と思いましてね。

訊いてみたら、たしかにハードな役割を担わされていて、彼は調査員として、北に向かって侵攻する重戦車が砂を巻き上げて行くのをカウントしていたという。レバノンに向かう一本道を国道1号線と言うんだけど、夜陰にまぎれてそこに立って、何台北上するか、注視していた。その緊張感はものすごくて、砂に巻き込まれているうちに恐怖心が走って失禁し、放心状態になって倒れてしまう。そこを発見されて、強制送還になったという話でした。

私はそれを聞いて、自分たちは銃口を突きつけられたこともないし、軍事的な緊張感の中にさらされたこともないということを痛感しました。民主党政権で政治のフロントラインに出てきた同世代の者たちも、結局1度も本当の土壇場に立ったことがないまま、市民運動だ何だと言いながらその場でウケる言葉だけで飯を食ってきた人間の末路はこの程度だということを見せつけて退場していった。

ここらあたりでもう1回、戦後のものすごい状況の中で食い入るように活字に見入って日本の民主主義はどうあるべきかと本気で考えていた世代から学び直す必要も感じています。佐高さんには久野収という人がいるわけだし、私にとっては加藤周一がそうかもしれない。評価は別にして、小田実なんかも体験と思索をギリギリまで煮詰めて戦後社会を構想していたと思います。その後は与えられた民主主義の中に安住してしまったから、民主主義を本気で守る気迫がない。

**佐高**　寺島さんの言われた、我が世代の弱さを見極めたうえで、なお民主主義を手放さないという姿勢、さらに先行世代に改めて向き合うという態度は大事だと思います。それは戦争体験を経た戦後民主主義を新たに見出すということであり、時代の橋渡し役としての自分たちの役割に気づくということでもありますね。

# 第4章　石原莞爾と大川周明のアジア

## いまの大半のナショナリストは矮小日本主義

**寺島**　先日の佐高さんの話を受けて、改めて石原莞爾と大川周明の話をしたいと思います。石原莞爾は鶴岡出身、大川周明は酒田、二人とも山形県で、佐高さんと同郷ですよね。いま日本の何が問題なのかということを考える時に、いつの間にか日本は国際社会の中で、特にアジアの人との向き合いにおいて、矮小なイメージの国になってしまったということがある。左右どちらのウィングに立とうが、日本という国に対する誇りを持って時代に向き合ってきた人間にとっては、これは重大な問題だと思います。

小日本主義、つまり思慮深くあって、尊大に構えない、石橋湛山型の良い意味での日本主義が我々の自制心としてあるべきだと思うけれども、いまの日本に跋扈しているのは矮小な日本主義です。一方、かつてナショナリストと言われた石原莞爾と大川周明は、戦争を挟んで、ファシズムの思想家として極めて批判的に評価されるようになりました。しかし、いま我々が気づかなければいけないポイントがある。それは彼らはアジアとの共感という視点を持っていたことです。

いまのナショナリストは矮小日本主義で、「ニッポン、チャチャチャ」とオリンピックで日本選手を応援しているレベルのように感じるんです。小さく丸まった、排他的な日本礼賛だけなんです。しかし、かつてのナショナリストは違った。石原莞爾と大川周明について話したいのは、そこです。

なぜ安倍首相がアメリカにとって御しやすいナショナリストかというと、彼および彼を取り巻く視界の中にアジアがないからです。アジアから孤立した日本のシンボルマークとして、安倍首相はアメリカにとって都合がいい。アジアを束ねてアメリカに向き合ってくる危険性もないし、アジアに影響力を持っているから安倍の顔を立てなければ、という力学もない。そういう日本の象徴になっている。

東京裁判の時、酒田に臨時法廷ができて、石原莞爾に検事以下が聴取に行った。その時石原莞爾が語った言葉に私は改めて驚きます。彼はこう言った。「自分が満州国の生みの親だ。満州国の思想的背景は自分だった」と。検事から「東條英機とあなたは思想的に対立したそうだけど」と訊かれると、「冗談を言わないでくれ。東條には思想がない。思想がない人間とは対立のしようがない」と笑ってみせる。要するに石原莞爾は「自分をなぜ戦犯に指定しないのか」と問うたわけです。「あなたたちの価値観で平和に対する犯罪と言うのなら、あるいは傀儡国家満州と言うのなら、その責任者に近い自分を戦犯に指定しないのはおかしい」と本人が主張した。相手はぎょっとして裁判の公開の場で何を言われるかわからないので戦犯にするのはやめにした。

## なぜ戦犯から外されたのか

**寺島**　その背景は、石原莞爾が東京裁判に堂々と出てきて、「満州国建国は正当だった」とか「アジアからの白人帝国主義の追放だ」とか「アジアにおける連帯を構想した」なんて話をされたらまずいという思いが連合国側に走ったからです。だから戦犯指定から外したんです。

また、大川周明は民間人として唯一戦犯に指定された。大東亜戦争なるもののイデオローグとして、戦争の理論的柱を作った男として糾弾しなければということで指定したはいいけれど、第1回公判で目の前にいる東條英機の頭をバーンと殴って、大川は頭が狂っているということで松沢病院に入院させられる。実際、調べてみると大川周明は梅毒性脳疾患という鑑定を受けている。しかし、アメリカ人の精神科医が鑑定して、法廷に耐えうると診断しているにもかかわらず、審理除外処分とされて東京裁判からは免訴となったわけです。これは奇怪な話です。大川周明は、軍人に多大な影響を与えている。侵略戦争を思想的に支えたはずのイデオローグを戦犯から対象外にした。

調べていてわかることがあります。終戦の翌年、1946年4月にマッカーサーが東京軍事裁判を行うと宣言し、5月に始まる。判決が出たのは48年11月です。46年から48年ということは、まさに我々が生まれた頃に裁判が動いていた。そして、インド独立が47年8月です。GHQの一翼を占めていたイギリスにとって、インド独立の紛争を目の前にして、東京裁判が妙な方向に行ったら困るという懸念は深刻だったでしょう。そうでなくてもインド人のパール判事の「日本無罪論」というのが出てくるわけだし、東京裁判は微妙な時期に行われた。

つまりアジア各地で戦争は終わったものの、植民地を抱える帝国主義陣営からすれば、国際情勢に変な形で刺激を与えられて植民地紛争が激化して、アジアの独立に火をつけられることへの恐怖心と怯えがあったわけです。だから堂々と論陣を張ってくる者が法廷に出てきたら、平和に対する罪で一気に葬り去らなければいけない。そういうことで突っ走ったのが東京裁判だったとも言える。

インドが独立した後、57年にネルー首相は日本にやって来た。大川周明が死ぬ2年前です。ネルーは大川周明に会っている。アジアを戦争に巻き込んだ者として険悪な雰囲気で会うのではなく、インド独立に力を与えてくれた思想家として、同志として会っているという雰囲気があるのです。

私は大川周明を礼賛する気はないけれども、思想家としてすごいと思うのが、戦時中にイスラム研究を深めて『回教概論』（１９４２年）という本を出版し、東京裁判を終えた後、獄中と病院でコーランの翻訳を完成させて『古蘭』（１９５０年）という書名で出していることです。我々日本人のイスラムに関する研究がどういうふうに進んだのかを調べると、必ず大川周明に突き当たる。そういう足跡を残しているのです。

改めて確認すべきことは、なぜアメリカは、そしてＧＨＱは、石原と大川を東京裁判から排除したのかということになります。

## ナショナリストたちのアジアへの視界

**佐高**　石原の「世界最終戦争論」は、いわゆる大東亜戦争を白色人種対黄色人種の最後の決戦だと位置づけるわけでしょう。日本のアジア侵略が肯定的な前提になっているから、これはとんでもない発想だと私は批判的に見るけれど、それとは別の意味で、アメリカにとってすごくやばい展望だった。他方いまの安倍は、アジアをバックにして欧米の対抗勢力になるというような方向性は微塵もなくて、アメリカにすり寄るだけですよね。脱亜入米とでも言うしかない。

**寺島**　佐高さんが言われるように、矮小なナショナリズムとアメリカへの過剰同調が同居する現状との対比において、かつてのナショナリストを見ておく必要があると思うのです。彼らは、白人帝国主義および植民地主義をアジアから排除するというところに思想的な基盤を持っていた。大川周明以前にも、中国革命を支援した宮崎滔天らのナショナリストがいる。戦前のナショナリストたちは、良い意味でも悪い意味でも、アジアへの視界を強固に持っていた。ところがいま我々の周りにいる自称ナショナリスト、愛国者たちは、中国が危険だ、韓国が嫌いだと言うばかりで、アジアへの視界を一切失っている。

ここで思い出すのが、インドの独立の父でもあるガンジーが語った「分断統治」という言葉です。分断統治はイギリスのアジア統治の定番とも言えるキーワードです。植民地同士の連携はさせない、と。さらにアメリカの今日的なアジア統治のキーワードも「ディヴァイド&ルール」です。分断して統治する。

1955年にバンドン会議が行われて、敗戦10年後の日本がアジアに帰っていく大きなきっかけとなった。周恩来やネルー、そしてスカルノが段取りをつけてくれ、日本は鳩山一郎内閣で経済審議庁長官だった高碕達之助が代表としてバンドンに行った。

アメリカは日本がバンドン会議に出ることをすごく警戒していたのですが、そこから戦後の日本のアジアとのつながりが始まる。55年のバンドン会議から60年経った記念大会がジャカルタで行われた時、安倍首相が行ってスピーチしています。バンドン会議の意義、そして戦後の日本がアジアに向けたメッセージについて知見を持ち得ない人が話すと、こういうことになるのだなと、落胆を通り越すものがある。

「なぜ日本はトランプをノーベル平和賞に推薦したのか」「なぜ日本は戦後あれほど苦闘した広島・長崎を背負っていながら国連の核兵器廃絶条約に参加しないのか」という質問に答えられない人が、バンドン会議で何と発言したか。「バンドンの先人たちの知恵は、法の支配が、大小に関係なく、国家の尊厳を守るということでした」と言っている。トランプがイギリスで口に出し、日本では言わなかった「法の支配」という言葉。バンドン会議の安倍首相は、明らかに中国を意識している。中国は法の支配が行き届かない、と。また、中国の強大化に対して皆で力を合わせて向き合いましょう、と。バンドン会議の矮小化に他なりません。

## アジアでは日本語でスピーチする安倍首相

**寺島**　顧みて、60年前にアジア・アフリカが結束して向き合おうとしていたのは何だったのか。たとえばネルーが唱えた非同盟運動という思想は、アメリカに対抗するでも、ソ連に対抗するでもなく、西側にしろ東側にしろ、民族の歴史を左右する大国主義あるいは帝国主義に反対して結束しようというものであったのに、それを理解せずにバンドン会議60周年に出ていける感受性、さらに歴史に対する知見の欠落にはあきれるしかない。このスピーチは元日経の記者が書いているんですが、日本が近代史においてアジアとどう関わってきたのかについて、切実な自問自答がまったく滲み出ていない。だから、この反中国ナショナリズムは意味がないし、何のインパクトも与えない。

石原莞爾と大川周明の話は、山形つながりでどうしても佐高さんに言いたくて。大川周明は、石原莞爾が死ぬ間際に、酒田に会いに行ってるんですよね。

**佐高** はい、会っていますね。生前二人はあまり仲が良くなかったようですが。

寺島さんが言うように、アジアが一つになられたらアメリカがいちばん困るわけですよね。安倍はアジアに友達を持っていない。象徴的なのが、アメリカの議会で安倍は英語で演説した。なぜ英語なのかを私は問題にしたんです。

照屋寛徳という沖縄の政治家がすぐに反応して、安倍に質問を出した。「なぜ英語なのか。どこでなら日本語で話すのか」と。答えは「アジアでスピーチするときは日本語で話す」というんです。アメリカにへつらい、アジアに対しては傲慢な、馬脚を露わしていますよね。

石原莞爾は批判するべき点はたくさんあるけれども、石原に本気で傾倒した人たちがいたわけです。特にアジア支配の具体的な現場に立つ憲兵なんかが石原に傾倒して、軍人たちは「憲兵の野郎たちは土人の味方ばかりする」と怒るわけです。つまり、現地で本気でアジアに向き合うとそうなる。それを軍人から見ると、アジアは支配の対象でしかないのに、憲兵は土人の味方をするという話になっていく。石原のアジアへの想像力が、実際のアジアと対峙する場面でも存在感を持ったということは、一つある。

ただ寺島さんは、東京裁判のことで石原をある程度評価なさっていますけど、私から見ると石原莞爾は生みっぱなしで、そこで行われたことに対して責任を取っていない。東條との対立の中ではそれなりに頑張りますが、満州国の生みの親と言いながら、最後は逃げてしまう。そのことを抜きにして「俺を戦犯にしろ」と言っても、それはカッコつけすぎとしか思えない。

## 福沢諭吉『脱亜論』と樽井藤吉『大東合邦論』

**佐高**　厄介な話なんですけど、大川周明は私の入っていた庄内館という学生寮の先輩です。そもそも、庄内館は大川たちが作った寮なんです。私が寮に入った時、寮の本棚には大川周明全集が並んでいた。寮監の先生は三菱商事の藤野忠次郎と二高・東大の同期で、逆に実業の世界には行かないで、郷里の育英にあたった人でした。大正リベラリズムをまっすぐに受けたようなところがあった。私も当時は青臭かったものですから、「どうして大川周明の全集だけが置いてあるんですか」と突っかかった思い出があります。大川は、丸山眞男が評したように「日本ファシズム運動の理論的指導者」という理解ですから。大川周明はラース・ビハーリー・ボース、つまりインドのチャンドラ・ボースの先輩を酒田に連れてきています。行地社の夏期講座を大川周明は酒田でやるんですが、その時にラース・ビハーリー・ボースを呼んだんです。ボースはイギリス植民地支配に対する独立運動で長らく郷里を離れていた。酒田沖に船を浮かべ、日本海の夕日を見ながら望郷の念で、ボースは「淋しい」と泣いたそうです。

寮の先生が大川周明の話をした時に、大川と石原が晩年に会ったんだと教えてくれました。石原に会った時のことを大川は、「菩薩の声を聞く思いだった」と先生に語ったそうです。大川周明の寮時代の話として、電気が普及していなかったから、電柱の外灯の下で勉強していたと言うんです。私は大川周明にはいろんな思いがあります。石原莞爾については書いたけど、今度は大川周明を書かなければと思っています。

**寺島**　同郷の二人のナショナリストと、佐高信が揉み合うというのは、これは面白いですね。私たちは逆立ちしても大川周明や石原莞爾に共鳴しきることはできない。ただ、いまの矮小なナショナリズムよりも、アジアを睨んだはるかに大きな構想力を持っていたということを確認したいだけです。ただしその際、彼らは、日本がアジアの盟主となってアジアを束ねるというロジックです。同じ目線に立ってアジアからの敬愛を受けて引っ張っていくという姿勢はどちらからも生まれなかった。日本軍国主義のイデオローグとして利用されてしまった悲しみが、特に大川周明のロジックには漂っています。

近代日本のアジアとの向き合い方は、まさに福沢諭吉の『脱亜論』がシンボリックだと思います。1885年、明治18年です。同じこの年に、樽井藤吉の『大東合邦論』も書かれている(刊行は1893年)。この二つは、日本近代史がアジアに向き合う時の一つの大きな対立軸です。日本は近隣のアジアにこだわっているべきではない、脱亜入欧で西欧文明に向かい、アジアを乗り越えていくべきだという福沢の視点。アジアに対する欧米列強の傍若無人な支配構造を、連帯の中で突き破っていかなければいけないという樽井の構え。これが同じ年に生まれたことが、日本の運命だと私は思う。

## 「親亜」を「侵亜」に反転させた

**寺島**　結局のところ、日本は欧米列強模倣の近代化路線を走った。皮肉な『脱亜論』の方向に向かった。本来なら、アジアとの連携や共感をベースに、親しむアジア、興すアジアという意味で、「親亜」「興亜」を走っていくべきだったのに、日清戦争に勝ったことによって、それまで中国へのコンプレックスに生きてきた日本が、中国をチャンコロと呼ぶようになる。日露戦争に勝ってからは一段と増長して、1915年、対華21カ条要求に至る。第1次世界大戦に悪乗りして、山東半島に関するドイツ権益を奪い取ろうと、中国に対華21カ条を突きつけるあたりから、日本ははっきりと「親亜」を「侵亜」に反転させた。その力学が行き着くところが満州国です。

一方、『大東合邦論』の方向はどうか。中国革命を支援したエネルギーも、突き詰めれば日本が盟主となったアジアの連携というところに落ち着いていく。大東亜会議を行い、大東亜共栄圏を掲げてアジア解放のためと言って戦いを進めたけれども、実際に現場で行われていたことは、ある面では「侵亜」だったのです。

**佐高**　帝国主義への道を進もうとした体制側も、アジアとの連帯、アジア解放を構想したはずの反体制右翼の側も、結局のところアジア侵略に行き着いたというのは、痛烈な日本近代史の総括ですね。

**寺島**　私は第2次世界大戦史を調べていて、もっとも皮肉に満ちている戦いがインパール作戦だったと思う。日本はインドに攻め込んでいった。3万人の将兵が死んでいった。日本戦史上最悪の戦いをやってしまった。いまでもさんざん批判されます。高木俊朗の『抗命』という小説にもなっている。ただインパール作戦は、インドに対する領土的野心があったわけでもなく、チャンドラ・ボースのインド独立にかける激情に引っ張られて行われた。「日本が本気でアジアを解放する気があるのなら、インドを解放する我々と一緒に戦ってくれ」と、ボースは1万7000人のインド国民軍の兵士をシンガポールに集結させ、それとともに日本軍はインパールの展望もない戦いに突っ込んでいった。あえて言えば、日本のカッコ付きの「大東亜戦争史」の中で、日本が自らの領土的野心とか権益の拡大などを想定せずに遂行したアジア解放の戦いというのは、インパール作戦だけだった。

## インドが見ていたアメリカの日本占領

**寺島**　1949年10月1日、この日、中国では毛沢東中国が成立しました。同じ日に、インドのネルー首相が日本の子どもたちにとインドゾウのインディラを上野動物園に寄贈してくれた。その寄贈式に当時の吉田首相までが参加している。子どもにはインドゾウのブリキのバッチをつけさせた。象が1頭やってきただけなのに、感動が日本中にさざなみのように伝わったんです。私もブリキのバッチを持っていたんです。なぜかと言うと、私の祖父が北海道で死んで、納骨のために東京に来ていて、その時に上野動物園に連れて行ってもらったから。

サンフランシスコ講和条約まであと2年という、もっとも孤立していた段階の日本です。敗戦の衝撃がまだ消えず、「じっと手を見る」という空気の中で、インドのネルー首相が日本の子どもに象1頭贈ってくれたことが、朝日新聞の一面の記事になった。それくらい、インドの思いが心を打った。サンフランシスコ講和条約に、インドは署名しませんでした。拒否した。ところが翌年の52年、日本との単独講和には応じた。これが55年のバンドン会議につながっていく。なぜサンフランシスコ講和条約でインドは署名しなかったか。インドは条件を一つ突きつけたんです。それにマッカーサーが飛び上がった。ネルー首相がそのことをはっきりと言っている。もしインドが署名するなら、日本における在日米軍がすべて引き上げるのが条件だ、と。

やがて日本が独立して、独立した国家として同盟軍を受け入れるというならまだわかるが、占領軍のまま居座る形での駐留軍はおかしい、とインドは注文をつけた。私はこのことを「インドは見ている」という論稿に書きました。日本に対する占領政策が公正なものではないということをインドが見ているぞ、と。戦後日本は、そのような単独講和に近い形で、西側陣営の一翼を占めて歩み出した。

1964年に、京都大学の高坂正堯が「海洋国家日本の構想」という論文を書きます。国際政治学の分野においてこの高坂論文は、戦後日本のある時代的な空気を象徴する代表的な論稿なんです。これは、福沢諭吉パート2じゃないけれど、私に言わせると新手の脱亜入欧論です。この先日本はどうするかという時に、通商国家日本という概念を正当化した。つまり、アジア回帰だとかいうこだわりは捨てて、広く7つの海を睨んで、海洋国家として日本は歩むべきだ、と。その方が、アジアに根っこを持って生きていく近隣土着性よりもいい、と。日本流グローバリズムというのか、当時日本の貿易の4割はアメリカとだったから、実質的にはアメリカとの連携で生きて豊かな国になればいいのだという、一つの思想的基盤を示したんです。

このあたりから、アジアに関わりあうとろくなことはない、欧米世界との交易で豊かになっていくべきだというロジックに、経済界も含めて日本社会全体がすっとなじむようになっていく。工業生産力モデルで生きた戦後日本にとって、国際分業論に立った通商国家として復興するという方向づけとして意味をもってしまった。

## アジアに謙虚に向き合う石橋湛山の道

**佐高**　しかしその後、72年に田中角栄が日中国交正常化を成し遂げて、政治的にも、経済的にも、社会的にも、再びアジアへの揺り戻しがあるわけですよね。

**寺島**　そこなんです。その後、欧米との関係がうまくいかなくなると、アジア回帰するというふうに、欧米とアジアの間を揺れ動くのが戦後日本の座標になっている。73年に石油危機に直面し、75年には高坂論文も「通商国家日本の運命」というタイトルで書かれ、色彩が変わってくるんです。日中国交正常化以降、アジアとの関係を重視しようという考え方が政治家の間にも広がる。いずれにしても、日本はアジアへの向き合い方をめぐってバイオリズムのように揺れてきた。それがいま、どういう状況にあるかというと悲しむべき状況で、歴史の中で真っ当に総括していたらどこに立つべきかが見えてくるはずなのに、矮小な日本主義になってしまっている。

**佐高**　冒頭で寺島さんが石橋湛山に触れましたが、アジアに謙虚に向き合い、アメリカに従属しない石橋湛山の道というのがあり得たかもしれないと思います。石原でも、大川でもなく。日本が帝国主義の道を走ろうとする時に、湛山は小日本主義を掲げて反対した。植民地主義に抵抗する朝鮮の三・一独立運動にも深い理解を示していて、ある意味ではバンドン会議にもつながる思想性を先駆的に持っていた。戦後は71年のキッシンジャーの訪中を支持し、角栄の日中国交正常化を後押ししている。前に私が「二次方程式」と言った、日米、日中の難問を、絶妙のバランスで解くヒントが湛山にあるのではないでしょうか。

石原莞爾には明らかに挫折があった。1939年、満州建国大学に、三・一独立運動の宣言文を起草した崔南善を教授に招こうとする。当然、東條側は反対します。その時に石原莞爾は尻をまくって通す。そこから石原の理想を理想にとどめないで貫こうとする学生が生まれるわけです。建国大学から毛沢東の延安での革命に参加する学生も出てきた。ところが石原自身は、自らの夢をどこまで責任をもってやり遂げようとしたか。東條に負けたから挫折はしかたないという観点もありますが、石原自身の問題もあったように私は感じています。

**寺島**　石原にしても大川にしても、ヴィジョン形成力における魅力というのが妖艶な光を放ってしまっているところがある。たとえば大川周明の『日本二千六百年史』という本が、いまそれなりに読まれている。戦前の日本で発禁になった本で、いまは黒塗りで消された部分が公開されて刊行されているけれど、当時の若い人、虐げられた人、時代と社会への思いを持っている人たちに、火をつけただろうなという力がある。権力とか財閥とか軍閥というものに対して、草の根からの強烈な目線があるのです。あのヴィジョン形成力には、熱烈な支持者が心ときめかせたと思います。

だけどその思想は、危険とされた部分を消された後、むしろ軍閥や財閥に都合のいい、日本を盟主とするアジアの構想へと換骨奪胎され、いつの間にか日本軍国主義のイデオローグになってしまう。大川は、「俺って何なんだ」と思ったはずです。

## アジアの先の国際主義

**佐高**　大川周明の位置づけですが、私は同郷ということでわかることがあります。つまり、東北というのは日本のアジアなんです。置き去りにされた東北から見ると、アジアは自分のことなんですね。娘を身売りしなくてはいけないのを見て、これがアジアだという生理的な直観があったと思います。

**寺島**　大川周明の『日本二千六百年史』には、まさに娘を身売りしなくてはいけない貧農のことが書かれています。いまで言う格差と貧困に、彼自身が怒り狂っている。

**佐高**　その怒りがどう歪められて侵略思想になってしまったかを、丹念に検証する必要がありますよね。同時に、脱亜入欧の路線が敗戦に行き着いたプロセスも。

**寺島**　20世紀の日本は、前半は日英同盟、後半の55年間は日米同盟、つまりアングロサクソンとの同盟で77年間を生き延びた。その間の23年間だけ、石原や大川の夢、さらにそれが軍部に都合よくグロテスクに歪められた夢に引っ張られて、アジアの盟主としての日本という幻想を追いかけ、一敗地に塗れたわけです。その敗戦を的確に総括できていないから、アングロサクソン同盟は成功体験であり、日本はイギリスやアメリカとのつながりで生きるべきだという考え方に正当性を与えてしまう。外交官出身の岡崎久彦が、それればかり言っていた。

ところが、我々の先輩のほうがよほど頭が柔らかかったと思うのは、吉田茂です。吉田茂は、日英同盟の中心に推進者として名を残しているように思うんだけど、彼はサンフランシスコ講和条約の時に、自分を支えてくれる外務省の後輩たちに「俺はいまこの局面ではアメリカとの同盟で生きていくことを選択する。でも、これは単独講和であり、全面講和に行くべきだとさんざん批判された。自分はその汚名を着るけれど、君たちはもっと柔らかい日本の選択肢を考えてくれ」と盛んに言っているんです。そして吉田は、なんと日本は英連邦に加盟すべきだと書いている。アメリカという国は、アングロサクソンの中でも癖があるということに気がついていたわけです。

イギリスのような成熟した国と連邦関係をつくることによって、アメリカとの関係を相対化する。アメリカとの関係をやめて中国やソ連と結びつこうというのではなく、アメリカとの同盟を持ちながら英連邦にも加盟すべきだと、驚くようなことを言っている。それはいまから考えると奇怪に思われるかもしれないけど、佐高さんの言う二次方程式の思考です。マルクスはマルクス主義者ではなかったと言われるように、吉田についても、後続世代が忖度して拡大解釈し、その中にうずくまっているというのかな。現在の対米過剰同調という枠組みに対して、吉田茂がいちばん笑っているのではないかと感じるほど、吉田は世界観が広かった。

我々はいま、中国との関係がもっとも大事だとは思わないが、しかし大事なのはアジアに共鳴できる思想をしっかり作っていくことです。ナショナリズムかアジアか、アジアかアメリカかというような話ではなくて、近代史における日本と海外との関係を思想的に整理しながら、アジアの先に真の国際主義を見据えなければいけない。

## ヨーロッパ的成熟とアメリカ的フェイク

**佐高** アメリカにだけ卑屈で、アジアに対しては尊大で侮蔑的な、いまの矮小右派とは吉田はまったく違いますよね。保守の持つべき奥行きや、二枚腰、三枚腰の外交姿勢があったわけです。西欧的な成熟によってアメリカを相対化するという戦略は、そのままは実現されなかったにしても、印象深いものがあります。以前、寺島さんが、冷戦崩壊後に米軍基地を段階的に縮小していったドイツの話をされましたが、西欧に学ぶことはまだまだありそうです。いま思うと、西部邁と私が変に手が合ったのは、アメリカは歴史の浅い国で、それよりはヨーロッパの深い知性だねというところで一致したということがある。

**寺島** 文化人なら、だいたいそうなりますよね。

**佐高**　でも安倍を含めてアメリカでしょう。まあ文化人ではないけれど。
**寺島**　文化的な体力というのかな。日本は歴史の中で蓄積された文化力を持っているはずなのに、驚くべき平準化した文化状況になってしまっていますから。
**佐高**　日本は独自にここまで来てしまった感もありますが、文化的にもアメリカ一辺倒が招いた薄っぺらさというのもありますよね。
**寺島**　欧州の人たちは大真面目に議論するときは、アメリカのことを新大陸と呼んだりすることがある。やはりどこかで軽蔑しているんです。三井物産が雇っていたアメリカ人の顧問弁護士がニューヨークにいた。あるとき私に「ついに自分も再婚した」と言うんです。その時、彼は50何歳だったと思います。フランス人と再婚したと威張っている。「今度あなたがパリに行く時には、ワイフが美味しいフランス料理店をいくらでも紹介できるから、遠慮なく言ってください」と。私は、そんなにフランス人と一緒になるのが自慢なのかよと思いましてね。
　パリのディズニーランドというのは、欧州の人のブラックジョークなんです。欧州にはいくらでも本物の城があるのに、何がシンデレラ城だ、わざわざフェイクの城に行くかよ、と。ところが最近は欧州にもアメリカ大衆文化がかなり入り込んでいる。ディズニーのほうも、ヨーロッパ人の心をつかむにはどうしたらいいかを考えてアトラクションに乗せてくるから、入りがけっこうよくなっている。つまり欧州も堕落しているわけです。

**佐高**　ヨーロッパも、アメリカ的フェイクに負けていくわけですね。

この間、黒人差別をテーマにして、アカデミー賞を受賞した『グリーンブック』を観たんですよ。でも、黒人警官がＫＫＫに潜入捜査する『ブラック・クランズマン』を撮ったスパイク・リーは、『グリーンブック』をめちゃくちゃ批判しているらしいですね。いずれにしてもアメリカは、一方では、大衆文化の中に抵抗の要素を残している国でもある。

## 西海岸だけでアメリカを見るな

**寺島**　カリフォルニアは独立論があるくらい空気が張り詰めていますから。トランプとは一線を画すところに力を入れているわけです。ハリウッドとシリコンバレーは、トランプを嘲笑って生きている。カリフォルニアはダブルスコアくらいで民主党が勝つんです。ニューヨークもそうです。トランプが勝っているゾーンが、逆にいまの悩めるアメリカを象徴しています。

日本人にとって西海岸は、アメリカの中で相対的にアジア系のテリトリーでもあるからなじみ深く、結局、海岸線のアメリカしか見ない傾向がある。海岸線は圧倒的に民主党が強い。ボストンからニューヨークにかけてのゾーンと、西海岸も、ハワイも、民主党です。だから、海岸沿いのアメリカだけ見ていると、トランプが勝つ理由がわからない。ウォール・ストリートとシリコンバレーをリーダーに、海岸線のアメリカは、経済的に輝いている。エンターテインメント・ビジネスのLAも含めて、大金儲けしている連中を見ると、アメリカ人ではない人たちがアメリカのGDPを支えていることがわかります。

取り残された中西部の人々は、相対的に落ち込んでいる自らを鏡に映して失望感に苛まれる。そこでトランプに拍手が起こる。このあいだお話しした構造ですね。要は光と影のギャップの中でトランプ現象は起こっている。だって全米の総得票数で言えば、不人気のヒラリーでさえ300万票多かったんですから。州別にウィナー・テイク・オールだから、選挙制度の矛盾で結果的にはいまのようになってしまう。

**佐高**　アメリカはますます複雑に、歪み、ねじれ、葛藤をはらんできているんですね。

**寺島**　そうです。多様性のあるアメリカと向き合う視点が日本人には必要で、トランプがアメリカだと思うと大間違いだし、同時にカリフォルニアだけ見ていてもだめなんです。多国籍混淆がシリコンバレーを支えている力だから、そういう人たちから見ると、イスラムの入国を禁止するなどというトランプは愚の骨頂に映るわけです。そして日本と違うのは、権力への忖度なんかありえないということです。つまりITの世界の人たちは政府の補助金でのし上がったわけではないから、政府におもねろうという思惑もない。政治権力とすっきり断絶した空気で生きている。トランプに依存するなんて気持ちは一切なくて、本当に独立運動がいま起こりかねないんです。事実、カリフォルニア州知事はそれに近いことを言い始めている。

**佐高**　州という地域特性を強化して、トランプのアメリカの毒抜きをしていくという変革の方法もありそうですね。いずれにしてもいままでのイメージでアメリカに接していたら、実像は見えてこないし、先も見えないのでしょう。

## 魯迅、ガンジー、石橋湛山

**寺島** それはアジアに対しても同様です。我々の議論をさらに前に進めるならば、もし日本を除くアジアが6%台後半の成長軌道をこの先走って行ったら、アジアのGDPは10数年後にいまの2倍になる。日本のアジアとの貿易比重はいま5割だけど、間違いなく10年後には6割を超してくる。そういうトレンドの中で、しかも日本で皆が期待している外国人観光客、インバウンドは、3100万を超えて、2030年には6000万人と言われています。地方の活性化というと必ずこの話題になりますが、6000万人のうち8割はアジアからですよ。5000万人に近いアジアの来訪者を引き受けて、日本の活力にしていくのだとするならば、アジアの目をしっかり正面から見て、同じ目線でアジアのエネルギーを取り込もうという姿勢を、腹括って構える必要があるでしょう。

中国人は来てほしくないけど、爆買いだけは期待しているという発想では、アジアのダイナミズムと向き合えない。重要なのは、金目当てのアジア論ではだめだということです。日本が食っていくために渋々アジアと舌打ちしながらつき合うというのではなく、この先問われてくるのは、アジアとの相互敬愛に立った関係を日本が作れるかどうかです。

いま、アジアは一つなんて観念的に言ってみても、答えにならない。アジアには宗教、民族、文化などが複雑に渦巻いていて、日本人の考え方を根本的に変えなければ、本当の意味でアジアに出会うこともできない。いままでの新自由主義型のグローバリズムではない、文化を視界に入れたグローバリズムが日本人の腹に落ちてくるかどうかが問われる。「令和」は万葉集からの引用で中国から取ったのではないという主張への違和感あたりから話がスタートしましたけれど、令和の時代は皮肉にも、いままで日本が体験したことのない次元で、アジアと正面から向き合う力学に引き込まれていくと思います。

**佐高**　寺島さんが話されたバンドン会議をどう受け継ぐか、ということが一つあると思う。新時代のバンドン会議に、日本がどう参画するか。その時、中国がどういう立場を取るかが大きな問題になるでしょうけれど、魯迅、ガンジー、石橋湛山、この象徴的な三人の考え方はバンドン会議の精神につながっていると思うんです。

中国の封建制と、列強の帝国主義と同時に闘い、日本滞在中には藤野先生と深い信頼関係を築いた魯迅。反植民地運動を非暴力で行い、多宗教の融和を模索したガンジー。湛山についてはさきほども触れましたが、アジアとの思慮深い関係性と、アメリカ追従でない政治姿勢ですね。この三人は国際的にも頭を下げられているアジアの思想家ですよね。寺島さんが石原と大川を、批判すべきところも含めて、アジアへの構想力という点で取り上げたことを理解しながらも、私としてはこの三人を今後の重要な参照点として挙げておきたい。

## イスラムとの対話という課題

**寺島**　佐高さんらしい人選ですし、私も深く納得します。ガンジーに即して多宗教の融和という問題を語られたことも、今日的だと思います。

大川周明も気がついていたと思うのですが、我々はいまここで「アジア」という言葉を使っているけれど、アジアをどう規定するかという問題がある。そこにイスラムの問題が関わってくるのです。西洋社会から見ると、イスタンブールを越えたらアジアなんですよ。アジアの語源はトルコの地名アッソスで、アッソスというところを越えたらアジアになる。ギリシャ側から見たら、アッソスの裏側にわけがわからない地域としてのアジアがあるということになるわけです。インドあり、中国あり、意味不明の地域としてのアジアだった。いまだにサッカーの世界トーナメントとなると、イスタンブールからこちらがアジアというリーグに入りますよね。

だけどイスタンブールのすぐ向こう側というのは、基本的に中東であり、そこはイスラムです。一神教の3兄弟の3番目であるわけで、我々から見ればユダヤ教、キリスト教、イスラム教は、根っこが一つの中東一神教です。大川周明は、日本、中国、インドを中核としたアジアをイメージしていて、あれだけ中東を研究していたのに、中東をアジアには入れていない。これは、イスラムを研究した彼なりの一貫性がある。欧州から見たアジアという考え方をとらない。西欧目線で、イスタンブールを越えるとアジアという認識には、「え、そうなの?」と私も何度も思いましたが、やはり不用意に中東をアジアと混ぜこぜにしてはいけない。大川周明は、パミール高原以東をアジアと認識していると言っています。

これは大事な視点なんです。つまり、これからの世界にとって、また日本にとっても、イスラムとの対話は極めて重要です。私が、アジアの先に国際主義を見なければと言ったのは、中東、そしてイスラムの問題もあるのです。なぜキリスト教とイスラム教がこんなに憎しみ合っているのか。それぞれの世界宗教の中に「他者への敬意」という深い意識を見出します。その共通性を論じることが重要だと思っている。そういう問題意識を抱いて、イスラム教の世界化の過程を追いかけました。7世紀に生まれたイスラム教がどのように世界に伝播していったのかを、できる限り正確にたどるべきです。最初に中国にイスラム教が入ったのはいつか、最初に日本にイスラム教がたどり着いたのはいつかということを、新しい研究を確認し、徹底的に調べました。

すると、江戸時代の文献の中に、イスラムに触れたことを感じさせる記述がある。また興味深いのは、ネストリウス派のキリスト教が中国にたどり着いたのが635年。7世紀には中国にキリスト教が来ていたのだと知って驚きました。さらに驚くことがあって、キリスト教が中国にたどり着くよりも先に、ムハンマドがまだ生きている7世紀はじめに、イスラム教は中国にたどり着いていた。そのことを示す文献が最近出てきている。キリスト教よりも600年後に登場したのがイスラム教だったのに、中国に辿り着いたのはキリスト教よりも先だった。

**佐高** 不思議な同時代感覚ですね。また知られざる宗教の交流史ですね。

**寺島** 本当にそうなんです。いま、比較宗教論が発展していて、私のもとにも文献が増えているけれど、自分の歴史認識を並々ならない程度で変えていかなくては歴史的事実に対応できない。世界宗教については次回、もう少し突っ込んでお話しできたらと思っていますが、たとえば、中国の影響とインドの影響を相互から受けながら、近世以降の東南アジアはどういうふうに変わっていったのか。日本人が、鎖国という閉じこもりにあった時期に、東南アジアはイスラムを含めた宗教、民族、文化、いろんな意味で複雑に蠢いていたんです。

**佐高** 歴史を遡のぼって、アジアの文化的な多様性、宗教の伝搬と浸透を探ろうとするのは、未来の本当の国際化のためのレッスンなんでしょうね。アジアと言っても一筋縄ではいかない。寺島さんが話された「アジアの先の国際主義」について、地理的にも、思想的にも、貴重な示唆を与えられた気がします。

# 第5章　日本近代史最大の教訓

## 誰も責任を取らない社会

**佐高**　久野収さんは北一輝論を書きましたが、北一輝には「抵抗としてのアジア」という視点があった。またそれを実践した。久野さんは、中国革命に関わった北一輝が軍事的抵抗ということに意義を見出した点と、下層のナショナリズムに着目した点で、『支那革命外史』を北一輝の思想的転換点とみなすんですが、北一輝が中国革命に併走しようとしたことは確かだし、日本の中国蔑視や帝国主義的なアジア政策を批判してもいます。

でも、北一輝のそういう面を露骨に出されると困る人たちがいる。その人たちに北一輝は殺された。抵抗としてのアジア。抵抗者としての北一輝。それをどう位置づけるかについて、これまではあまり考えられずにきました。ファシストの所業として固定化されて、丹念に腑分けされずにきたわけです。

会社では有限責任と無限責任が具体的に問題になってくるけれど、総懺悔みたいに無限責任にもっていかれると、「すべて皆が悪かったんだ」という事実上の無責任に落とし込まれてしまう。無限責任を人間は負うことができません。私は有限責任を「責任の腑分け」と言うんですけど、それをやらないと「すべて皆に責任があります」、すなわち「すべて誰にも責任がないです」という話になってしまう。

**寺島**　責任を取らない構図は戦争責任のみならず、今日にもとんでもない形で継承されています。たとえば森友・加計問題です。お友達が学校を始める時に名前を貸したの貸さなかったのといったレベルの議論を超えて、財務省の局長という立場の人間が公文書を改竄し、それが罪に問われないという無責任の構図がある。

「関わった人は皆、悪いのでは」という曖昧模糊とした結末を迎えること自体が、国のレジティマシー、正統性に関わる重大問題なのだということがわかっていない。これがいま、日本社会の倫理の軸を崩してしまっています。これでは子どもたちにも向き合えない。子どもたちから問われたらどう説明するんでしょうか。「日本はそういう国なんだ」と言うのか。佐高さんが言われる「皆に責任がある」＝「誰にも責任がない」」、いまの日本社会は、常にこの構造を振り子のように行き来している。

**佐高**　いちばん責任を負うべき人間が負わないで、責任が澱のように下に下りてきて、下にいる者が自殺するということに行き着いてしまう。

**寺島**　たまらない話ですね。

**佐高**　あの近畿財務局の職員が自殺しなかったら、話はもっと軽く流されていたでしょうね。

**寺島**　闇から闇に葬られたでしょう。時に「真相はどうだったんでしょうね」などと言われながら。巨大な無責任の構造が存在し、実際には責任には一切踏み込まないで歴史の駒を進めていくということに対して、戦後なる世代の人間はそれぞれの意思をもって斬り込まなくてはいけない。私は団塊の世代の評判の悪さに辟易とします。そして、そうなんだろうなと思う。バブルの時代、団塊世代がいちばん始末が悪かったのです。彼らは「この傷を見てよ。全共闘の闘争の時に角材で叩かれた傷だ」なんて、自慢げに女性に話しながら、六本木などでおだをあげていた。安手の恋愛小説みたいな世界です。

## 消せない価値としての愛国心

**佐高**　平手造酒みたいですね。傷を見せて女を騙すなんて。

**寺島**　そんなにカッコいいものじゃない。そもそも時代状況に対して、怒りもなければ不満もないのです。不満はないけど不安はある、という感じですよ。

**佐高**　私は全共闘世代より少し上ですけれど、60年安保世代の西部邁みたいな人がそれなりに迫力があるのは、一人に帰っていくところがあるからです。世代の責任はもちろんありますが、責任というのは最終的には一人で取るものです。西部さんの場合は最後に人を巻き込んでしまったけれど、しかし彼なりの責任の筋を通してきたことは確かです。侍とかを持ち出してくる右派に、そういう迫力が全然ない。

**寺島**　西部さんは自分の行動を誰かに評価してもらいたいと思ったわけではないでしょう。自分で自分に折り合いをつけたということではないでしょうか。だから私は褒め称える気もなくて、絶句するだけなんですが、西部さんらしく生きたのだろうなとは思います。私の印象はそれだけです。

**佐高**　彼は保守と言われたけれど、愛国という曖昧な立場の中に自分を溶解させるようなことはしなかったと思います。

**寺島**　愛国心は、次元を変えてそれぞれの人が持っています。私だって世界中を動いてきて、「日本はいいな」と思う気持ちもあります。佐高さんが酒田の山を背負っているように、私には札幌の藻岩山があるわけです。いよいよ明日は東京に発つという時に、私を取り巻いてくれた仲間が送りに来てくれて、夜中に札幌の夜景を見た。その翌日に私は青函連絡船で上京したという思い出があります。

故郷の山が日本一だ、世界一だと思うのと、本当に世界一高い山がどんなものであるかを客観的に知ることとの違いは、大人になるにつれてしだいにわかってくるものです。大人になっても藻岩山が世界一だと、それだけを言っていたら笑い話みたいなものので、愛情と相対化は別になければいけない。それでもなお、絶対に見捨てられない価値があっていい。それが愛国心です。

自分の消せない価値である愛国心を語る人たちから、アジアが消えたということが、我々が何度でも言わなければいけないテーマです。私は80年代から海外で生活してきましたが、ニューヨークでもロンドンでもワシントンでも、当時から世界中にアジア・ソサエティとジャパン・ソサエティがありました。日本がアジアでダントツの経済力を誇っていた頃でも、日本はアジア・ソサエティのリーダーにしてもらえなかったので、なんとなくアジア・ソサエティから足が遠のく海外駐在日本人が多かったんです。

ジャパン・ソサエティには集っても、アジア・ソサエティからは離れる。当時の私は、なぜ日本人はアジア・ソサエティではプレステージを発揮できないのかと思っていましたが、いまや日本はアジア・ソサエティのメンバーではないのではないかというほど、両者の間でギャップが生じている。

気がつけば日本を除くアジアのGDPが日本の4倍になっている。日本が国連の常任理事国になったとしても、「アメリカの1票を増やすだけで、アジアの1票を増やすことにはなりません」という答えが返ってくるような状況に我々はいます。

## ワシントンが警戒する安倍首相と日本人

**佐高**　冗談半分に言ったことがあるんですが、安倍はアメリカの51番目の州知事に過ぎないのではないか、と。ただ、アメリカからすると日本は、州と言うよりも、自分に尽くしてくれる下僕なのでしょうね。日本は欧州の仲間入りは難しいし、アジアに戻ろうとすると無視されて、完全に宙ぶらりんの状態ですよね。

**寺島**　トランプ政権だけでなくて、ワシントンの本音を話します。長い間、日本に関わり合ってきた知日派、親日派を超えて、アジアに重大な関心を持つ有識者と、私は向き合っています。彼らは安倍首相が危険であるということにとっくに気がついている。

安倍氏は一見アメリカ追従主義者に見えるけれども、実は親米を装った反米論者ではないのか、と。その論拠は、靖国神社参拝であり、満州国の肯定であり、「太平洋戦争＝聖戦論」への執着であり、日本会議とのつき合いです。つまり、サンフランシスコ講和条約や東京裁判をひっくり返したいという本で、ニッポンチャチャチャに邁進する人たちが周りにたむろしていて、アメリカが植え込んだはずの戦後民主主義とは似ても似つかない方向に向かっていると見られています。

**佐高**　安倍が靖国参拝した時に、田原総一朗さんは「こんなことをしていたら、歴史修正主義者だと見なされてアメリカから切られるぞ」と忠告したそうですが、田原さんが言うアメリカと、寺島さんが交流を深めてきたワシントンの人々は重なるところがある。こんな常軌を逸した首相に対して、かつてなら自民党の中にも、財界にも、諫言する人物がいたはずですが、それが一強支配下でまったくなりを潜めています。

**寺島**　前にもお話ししたように、なぜいま日本の経済人がアベノミクスに弱いのかと言うと、80兆円以上の公的資金を使って株を上げているからです。日銀のＥＴＦ買いと、年金基金の金を、こんなにダイレクトに株式市場に投入している国は日本だけです。先進国と言われる国の中でもそうです。その80兆円が直接株式市場に投入されていなければ、日本株は平均３割低くなる。いま２万１０００円前後で動いているとすれば、７掛けで１万５０００円くらいと考えたほうがいい。

経営がうまくいっているかのように、アベノミクスは株価を大きく水ぶくれさせてくれているということを誰もがわかっているから、どうしたらＥＴＦ買いが自分の会社に入ってくるか、どうパッケージに入り込んだらいいかという程度の発想しか持てない。

正面から技術を高めようという考えが起こらないのです。本田宗一郎が戦後、廃材をかき集めてまでオートバイを作った勢いなど、もうまったくない。技術や産業の内実を議論しないで、マネーゲームによって自分が膨らんで見えることだけを意識する。

御用学者の一群がまとわりついて、まずリフレ経済学者と称して「意図的に日本をインフレにもっていったほうがいい」と日銀金融緩和をそそのかした。その時に先頭を走っていた浜田宏一はいつの間にか消えている。次に、財政出動でもいいから景気を浮揚させなければいけないと言って、ヘリコプターマネーだと騒ぎ出して、いまやＭＭＴという無責任な議論が流行りになっています。

金利が低いんだから、赤字国債を出して景気浮揚をすべきだということをもっともらしく喧伝する学者がいます。これには必ずアメリカに御本尊がいる。新自由主義の御本尊だったフリードマンのようにね。御本尊が本来言おうとしたこととは別のところに話が行っていますが、その時点、その時点の正当化のために場当たり的なロジックを持ち出してきて、それを掲げて飯を食うという一群の人たちには、呆れ返るしかありません。

## 日本近代史最大の教訓

**佐高**　私も寺島さんもよく知っている、北洋銀行頭取だった武井正直は、バブルの時、楽に儲けることをあえてやめるんですよね。楽な商売はやらない、と。そういう人を実際知っていると、あの一群が権力にたかっているさまは本当に嫌になりますよね。

**寺島**　武井氏みたいな人が本当の意味での産業人ですよ。

**佐高**　安倍晋太郎の異父弟にあたる西村正雄ですが、彼は、晋三が首相になるのはまだ早い、周りにろくなのがいない、と心配していました。親米を装った反米の恐ろしさ、その軽薄さがもたらす災いを西村はよく知っていた。彼は、靖国参拝反対を公言していた人でした。その心配がいま現実化している。西村さんが急死して、その後から安倍は靖国参拝を公言し始めたんです。

もう一つ、宮澤喜一が存在感を放ったのは、彼はもちろん英語使いだけど、漢籍も抜群だったことがあると思います。宮澤さんは、安岡正篤を馬鹿にしていました。「あの人は何なんですか」と言って、そこには、漢籍なら自分のほうがよほど知っているというニュアンスがあった。宮澤の個人的な教養の話をしているわけではありません。アメリカから見ると、日本が単体でいるなら怖くない。日本がアジアとともにいるのが怖いわけでしょう。その道を、宮澤喜一は政治家としてきちんとわかっていました。

**寺島**　それは日本近代史最大の教訓です。真っ当な目線で歴史を振り返ると、アジアとの共鳴心の中で日本史を議論しなくてはいけないはずなのに、いま登場してきているニッポンチャチャチャの人たちの日本観は、ユーラシアの風が日本を作り上げたということをまったく理解していません。

**佐高**　石橋湛山についてもう一度触れたいんですが、石橋湛山は敗戦直後に「靖国神社廃止の議」というのを書いている。汚辱の戦争の戦没兵を英雄として崇敬することは、国際的な視点から許されるのか、と。戦争中には反軍の論説を書き、侵略ではなく貿易をせよと主張し、アジアの中で日本が進むべき道をわかっていた人ですよね。そういう発言を、大日本帝国が最も力を持っていた時にしたわけです。

保守の中には、石橋湛山の流れと、岸信介の流れがありますが、いまや、湛山から宮澤にの流れがほとんど堰き止められています。

**寺島** その通りです。いまはその流れを理解するだけの知見もなくなり、二つの流れの何が対比されているのかもわからなくなっているかもしれません。

**佐高** ここでもやはり真の教養が問われてきますね。

## 残留孤児と中国の文化力

**寺島** 中国認識にしても、経済力を身につけ、強権化してきているから警戒したほうがいいなんていうレベルの議論でしかない。中国と日本が文化と文化で向き合う時に、日本人として考えておかなければいけないと私が思うのは、中国残留孤児のことです。日本人は万単位の孤児を満州に残して帰国した。残留孤児たちが両親を求めて来日し、中国に送り返されるという状況になった時、「あれは中国人が労働力として日本人を買ったんだ」というような解説も乱れ飛びましたが、中国で養父、養母として育ててくれた人に対する文集を読むと、私は中国人の懐の深さを感じます。

食卓を皆で囲んで中国鍋を食べるのだから、一人増えても知れている、お前もこっちに来て飯を食えよと言って食べさせてくれた、と言う人もいる。もし逆の立場になって、中国人が日本に攻め込んできたとして、その後、逃げ帰った中国人の子どもに対して我々は、「お前もこっちに来て飯を食えよ」と言えるだろうか。その子どもを育てようと思えるだろうか。これはかなり厳しい問いですよ。

ここには、日本が文化力について肝を据えて深呼吸しなければいけない問題が横たわっています。徴兵もされず、恵まれて生きてきた戦後日本人には、いまこそ覚悟が必要なのです。自分たちだけが駆け抜ければいいという問題ではなく、文化力によって他の人々、他国の人々との連携を探るべき時代です。それなのに、「力こそ平和」

という発想がまかり通ってしまう。

**佐高**　丸山穂高は東大を出て経産官僚になり、その後は松下政経塾です。高市早苗もそうです。高市は「自分が生まれる前からの責任と言われても知らない」と発言した。松下政経塾というのは、そういう歴史観なんです。

**寺島**　それは、松下幸之助がいちばん忸怩たる思いなのではないですか。草葉の陰で歯ぎしりしている気がします。

**佐高**　私は幸之助のことは批判もしてきましたが、松下政経塾に帰着してしまうのでは、先達実業家が気の毒だという寺島さんの思いはわからなくもない。

**寺島**　いま日本が劣化している原因の一つに、労働組合の劣化がある。１９９０年前後に冷戦が終わりますが、それまで経営者たちは、資本主義体制を腐らせてはいけないという使命感のもとに、労働組合運動からの突き上げに真剣に対峙していた。日本でも社会主義革命が起こって資本家は吊るし上げを食らうかもしれないという緊張感の中で、１９４６年、松下たちはＰＨＰを作るわけです。

ＰＨＰとは、Peace and Happiness through Prosperity の略で、「労働組合の諸君はう

るさいことを言っているけれど、まず繁栄を実現して、分配を実現し、豊かな日本をつくる中で君たちとの関係を築いていこう」というメッセージでもある。つまりPHPは、労働組合運動を意識していたわけです。

## 資本主義が勝ったなんて言えない

**寺島**　しかも松下幸之助は、GHQによって追放を受けた時、松下の労働組合が一生懸命GHQに嘆願してくれたおかげで自分が現場復帰できたという思いがあるから、労働組合運動に対しては良い意味での緊張感があった。その関係性が日本の資本主義経営の背筋を伸ばさせてきたわけです。ところが91年に、社会主義の拠点であるソ連が崩壊した。やはり資本主義が勝ったのだという単純な総括を経て、資本主義は一気に金融資本主義に、私の言う金融革命に入っていく。

私が石橋湛山賞をもらった論文は『新経済主義宣言』なんですが、そこで何を書いたかと言うと、冷戦が終わって東側の国を歩いてみたけれども、これはやばいよ、と。

こんなことで資本主義が勝ったと単純に言えるのか。コカコーラとハンバーガーが入ってきて、国民生活がちょっとだけ豊かに彩られたように見えるけれど、吐き気がするようなマネーゲームと商業主義がはびこり、ホテルのロビーを黒下着の女性が跋扈するような国になった。東側のこんな状況をもって、西側が勝ったということなのか、という問題提起でした。

私はこの論文を、資本主義が勝ったなんて言えないという思いで書きました。予感は当たった。金融資本主義の肥大化という状況を横目で見ながら、それを後ろで正当化した新自由主義の理論を私は見すえるようになります。たしかに新自由主義も、効率を高めて国境を越えた競争、グローバリズム、規制緩和を喚起するという部分で、一面の真理もある。世の中には規制を緩和したほうがいいものもある。ところが全面的な緩和が何を引き起こしたか。現実にいま、日本全国にこれだけ疲弊感が漂っている。私は郵政民営化がすべて間違っていたとは思っていなくて、民営化したほうがいい事業もあったけれども、郵便局をいまのような形にしたことで、日本の地方は一つの知のネットワークの基盤を失ったのです。「会社だからそんなことやってられないですよ」という感じで、人々の生活を突き放してしまった。

**佐高**　郵便局がライフラインでもあったわけですよね。寺島さんの言う全面的な緩和を私なりに言うと、公共の扼殺ということになります。松下の労働組合の話を聞いていて、かつては、嫌なものだけれど大事なものだという考えがあったということを痛感します。武井さんなんかもそうでしたね。組合の大会に呼ばれて喋ったりしている。「帰れ！」と言われる状況にも出かけていく。安倍にそういうことができるかという話ですね。

**寺島**　しかも組合の側に、「帰れ！」と言う気迫があるかですね。付け加えるなら、なぜ労働組合がここまで劣化したのか。佐高さんはあまり評価していないけれど、私は弁護士の中坊公平さんと一緒に、連合の評価委員をやっていた時期があります。その時に出したレポートがいまの連合の基本方針の基盤になっていますが、このままでは連合はますますだめになるだろうという警告論文なんです。

## 非正規から労働組合を再生させる

**寺島**　どういうことか。非正規雇用が広がり始めて、連合の組合員が職場集会をやると非正規の人を刺激してしまうから、なるべく穏便に別の会場で集会をするようになった。つまり非正規への差別という構造の中でできあがっている労働組合になってしまった。しかも会社側にとって、労働組合なんてもう怖くない。なぜかと言うと、組織率が低いだけでなく、会社のグローバル展開の中で、「嫌なら辞めてくれ」「それなら工場は海外に持っていく」という類の恫喝が増え、90年以降の30年間、まさに平成の30年間で労働組合は行き場を見失う。その背骨であった社会主義というイデオロギーもなくなった。分配の公正を求める、怒りにも近いメッセージがあったはずだけど、それもなくなる。春闘なんて、名ばかりの胃袋闘争になった。

かつて労働組合は、飯の種をめぐる闘いだけでなく、さらに分配のみならず、世の中の不条理全体に対する闘いをやっていたわけです。ところが、労働組合にそんな力はまったくなくなり、人も集まらず、カラオケ大会と併設しないと成り立たないような集会ばかりになってしまった。労働組合運動の劣化とともに、日本の市民意識も混濁していったという気がします。

**佐高** 私は中坊公平と対談集も出していて、親しかった時期もあるんです。それは措くとして、寺島さんから、かなり徹底的な労働組合批判というか、労働組合の現状への正確で厳しい認識が語られました。分析の鋭さに深くうなずくばかりですが、私としては、「連合」的な組合が切り捨てた非正規労働者を中心に、新たな公共を築いていくという展望を、これからは大事にしたいと思います。そこには外国人の労働者も数多くいるわけで、私たちがこだわり続けるアジアへの共鳴というテーマにも、それはつながっていくはずだと思います。

# 第6章 「孤独」から「連帯」へ

## ユダヤ教はなぜ世界宗教にならなかったのか

**佐高**　寺島さんは以前、中東の三つの宗教のからみ合いについて話されましたが、それはやはり三井物産時代に世界を歩く中で培った問題意識というところもあるんですか？

**寺島**　私はイスラエルにいた時期にユダヤ人とのつき合いができて、ユダヤ人はグローバルネットワーク民族だから、エルサレムでの人間関係はあっという間に世界中に広がるんですよ。アメリカ東海岸はユダヤ人が多いから、そこにもネットワークが広がっていく。それはそれで大変ありがたいし、たとえばあるユダヤ人を私の先輩に紹介したら、その翌日、先輩の奥さんがギックリ腰で苦しんでいるというと、ニューヨークはユダヤ人医師が多いから、リムジンで迎えに来て専門病院で面倒を見てくれるとか、彼らは手厚い配慮の技を持っているんです。そうすると皆、そのユダヤ人に感謝するわけです。それで、いつの間にかサークルの中に取り込まれていくということがある。

ワシントンにホロコースト・ミュージアムを建設するという運動（１９９０年代初頭）が起こって、私も協力を呼びかけられたことがあります。でも私は断ったのです。ホロコーストでユダヤ人が虐殺されたことはあってはならない事態だったし、心の痛む話だけれども、同時に私は日本人として、ユダヤ人だけが歴史の被害者だったわけではないとも思う。たとえば広島・長崎の被害者も含めて、世界の戦争被害者のミュージアムを作るのだったらわかるけれど、ユダヤ人だけが被害者であるかのようなミュージアム作りを一緒にやることには抵抗感があると伝えました。

そうすると、彼らは自分たちだけが特別の被害者だということにすごくこだわる。日本の広島や長崎はこの次になるわけです。しまいには、ホロコースト・ミュージアムの意義を理解できない奴は人間じゃないと言わんばかりの論調になってくる。でも、自民族の被害を世界のヒューマニズムに訴えてきたはずのユダヤ人が、なぜ時と場所と立場が変わると、いまガザ地区などで、敵対する者に対してここまで冷酷になるのか。

これは同じ中東一神教でも、キリスト教とイスラム教は世界宗教になったのに、なぜユダヤ教はならなかったのかということとも関係があると思います。彼らは、ユダヤ人が選ばれた民だと言うわけです。でもこの話は日本人にとっても他人事ではなくて、日本人も選民意識に惹かれるところがある。自己憐憫が反転して、自分たちだけが神に選ばれた民族だと言わんばかりの考え方を持ち出してくる傾向がある。

キリスト教は、これは使徒パウロがキリスト教を世界宗教にしたと言ってもいいのですが、なぜパウロがキリスト教のパラダイムを変えたかと言うと、ローマまでがキリスト教を容認せざるをえなかったのは、その普遍性によってです。民族を超えた人間に対する絶対愛とか普遍愛を、絶対神を中心にして持ち出してくる展開に進んでいった。だからキリスト教は世界宗教になって、国境を越えて伝播していったんです。

## 世界宗教の普遍的な価値

**佐高**　ユダヤ教的な選民思想と反対の、ある種の絶対平等思想ですよね。

**寺島**　そうです。そこでユダヤ教とキリスト教のギャップがわかる。ところが、キリスト教がローマの国教として権力になり権威になってくると、今度はムハンマドの語る話が腑に落ちる。ムハンマドはキリストを馬鹿にしたわけでも何でもない。コーランの中には21カ所、キリストについて触れているところがあるのですが、キリストを貶めたり否定したりはしていないんです。自分と同じような預言者として、リスペクトすべき存在だ、と。ムハンマドはメディナに移った時にはユダヤ教とも、キリスト教とも連携していこうとした。

前回も触れましたが、中国に伝播したネストリウス派のキリスト教は景教と呼ばれましたが、その景教の影響を受けた一派との連携です。ムハンマドは、キリストの神性を否定し、あくまでもキリストは人であり、とてつもない自己犠牲に満ちた預言者の一人だったとリスペクトしている。三位一体論でキリストは神の子だと言うけれど、神が子どもを作るわけがない、と。聖母マリアをどう評価するかで分かれたわけです。

でも、ムハンマドが言っていることのほうがある意味で筋が通っている。ところが三位一体論としてキリスト教がローマの国教にまでなってしまっている手前、キリスト教の側でも引っ込みがつかなくなった。キリスト教の中にいる人間で、その問題を堂々と主張したのがネストリウスで、彼はイスタンブールの大司教だった。彼は異教として破門される。そのネストリウス派は中国まで伝わっていく。

中東一神教3兄弟の3番目であるイスラム教が7世紀になって登場するということの意味ですね。イスラム教は、キリスト教から600年も遅れて出てきた宗教であって、キリスト教を意識して生まれた宗教なんです。新たな新興宗教ではなくて、中東一神教として根っこは同じ旧約聖書であり、旧約＋新約がキリスト教、旧約＋コーランがイスラム教だと言ってもいい。

要は世界宗教か民族宗教かです。我々も神道を軽んずるわけではないし、どんな所に氏神様がいてもいいし、それを大切にすることを何一つ否定するものではないけれど、ただその信仰が、日本人あるいは地域の人だけが祝福されるものである限り、民族宗教で終わってしまう。世界宗教として国境を越えるためには、普遍的な価値がなければいけない。

イスラム教が東南アジアまで含めて、あれだけ浸透していった理由は、イスラム教には普遍性があるからです。日本人は気をつけないと、ユダヤ教的なあり方にとどまって、民族宗教に酔いしれがちなんです。

## 戦後のアジア主義は左派が担った

**佐高**　寺島さんの世界宗教論は、いまの私たちが「内なる日本」と「外なる日本」をどう関係させていくか、世界といかに対面すべきかを考える時の大事なヒントを与えてくれます。ところで私は、キリスト教にはまったく近づきませんでした。権威性が鼻について、むしろニーチェの「神を殺せ。神は死んだ」という方向に惹かれてしまうわけです。

トランプの娘婿はユダヤ教徒なんでしょう？

**寺島**　右派のユダヤ教徒です。イスラエルのネタニエフと近い。娘も改宗してユダヤ教徒になっている。ユダヤ人というのは宗教民族ですから、ユダヤ教を共有しているという意味で、一つの民族性を形成している。

この間の大川周明の話に、一つだけ補足しておきたい。大川周明は回教の研究を満鉄でやっていた。私の持っている大川の『回教概論』は１９５４年に復刊されたものの初版ですが、実は太平洋戦争の翌年１９４２年に『回教概論』の初版を出しているんです。それを戦後になって大川周明は新たに出版し直す。私は１９４２年版を手に入れて、違いを読み比べてみました。１９４２年版『回教概論』の前書きに「いまや大東亜共栄圏内に多数の回教徒を包擁するに至り、同教に対する知識は国民にとりても必須のものとなった」というくだりがあるんですね。戦争が始まって東南アジアに侵攻し、日本はインドネシアも含めて広い回教圏を大東亜共栄圏の中に包摂した。だからいまや日本人にとって回教は他人事ではなくなったと言っている。でも１９５４年版からは、その部分が見事に消えている。それにしても彼の回教の基礎知識は的確であり、心に響くものがあるということです。

大川は戦争が終わって東京裁判から解放されてから、１９５７年まで生きた。その時代の大川が書いた論稿を集めた本があって、その中で彼は面白いことを言っています。「私を右翼と呼ぶことは正当ではない。私は決して日本主義者ではない」と。彼の視界は日本主義ではなくて、アジア主義だったのです。前回に続いてアジア論を繰り返しますが、戦前と戦後で反転が起こる。大川以降、アジア主義を担ったのはべ平連の小田実に象徴されるような左翼であり、右翼はどんどん引きこもりに入って日本主義のみに陥ってしまった。どこまで評価するかは別にして、「ベトナムに平和を！市民連合」の理念と活動というのは、むしろ左翼陣営の人たちがアジアの民衆に共感し、アメリカと戦うベトナムに連帯したということであり、その姿勢を見せたのは右翼ではなかった。

つまりアジアへの目線を失ったことが戦後ナショナリズムの限界だということは間違いない。下手すると、いまの日本は国権主義と日本主義のかたまりになりつつあるのではないでしょうか。我々は戦後を生きた世代として、危惧しなくてはいけません。

## 本気でアジア解放を夢見た人々

**佐高**　かつてアジアは侵略の対象であったために、戦後、アジアへの関わりが抑えられてしまったんですね。「一度火傷したから触らないように」というふうにアジアに対した。岸信介は侵略側の人間として満州でアジアに関わっていますが、岸的関わり方が封じられたのは当然ながら、アジアの民族解放運動を肯定した石橋湛山的関わり方もタブーにされたわけです。戦後のそういう空気からすると、大川周明が持っていたアジアとイスラム圏を同時に見通すような想像力は、ファシストの世迷い事として捨て去られてしまったのではないでしょうか。

**寺島**　大川周明はコーランを翻訳しているけれど、アラビア語が読めたわけではないだろうと、つい私は言語という壁を考えてしまうんですが、実際のところ、大川は相当な語学力があったようです。彼は漢語のコーランから翻訳している。もちろん英語やフランス語もできたようだけど、コーランを翻訳するまでに、イスラムについて30年間勉強している。そういう意味では只者ではない。

**佐高**　西郷隆盛も漢訳の聖書を読んでいた。右側の人たちが都合よく取り上げるけど、現実はもっと広いわけです。右派にも面白い人物がいて、淡路島出身の樋口季一郎という軍人は、日独伊三国同盟締結後にヒトラーを公然と批判し、ユダヤ人の逃亡を支援している。また、右翼活動家の穂積五一は本気でアジア解放を信じた。彼は、岸信介や安岡正篤と同様に、天皇主権説の上杉慎吉の弟子なんですが、野村秋介の師でもあった三上卓と「皇道翼賛青年連盟」というのを作って、民族解放運動に携わる朝鮮人活動家を助けた。それで自分も捕まってしまうんです。ひどい拷問を受けたといいます。しかし戦後になって、最後には「自分は日本人から離れる」と言っている。この穂積が創設したアジア学生文化協会に学んだのが村山富市なんですよ。村山さんは首相になってから、外務省が反対するのを押し切って、シンガポールに行って「血債の塔」の前で日本占領の犠牲になったアジア人に謝罪したんですが、そこにはアジア学生文化協会で学んだことも大きくあったんです。

**寺島** 響いてくる話ですね。時代をさらに遡りますが、国学の原点にいる本居宣長を調べた時、私は宣長旧宅の「鈴屋」に何度も足を運んだ。宣長は鈴屋に当時手に入れた世界地図を貼っているわけです。しかも彼は京都に遊学していた時代に、朝鮮通信使たちが京都を通過していくのをきわめて興味深く見ている。国学と言っても、閉ざされた偏狭な日本主義ではなくて、世界の中での日本を視界に入れながら、日本の価値を究めていった。

## 文化力で閉塞状況を超える

**寺島**　ひるがえって戦後の日本は、アジアと距離をとり、国際主義という都合のいい概念に飛びついた。それは戦後のアメリカが掲げた価値でもありました。国際連合に入ることを至上の名誉とし、国際社会の中で生きるという価値観の中で、アジアを見つめずに生きてきた。繰り返しますが、かつてアジアと連携しようとしたエネルギーが右の人たちから消え、左の陣営の人たちがむしろアジアに連帯を求め始めた。しかし戦後のエスタブリッシュメントたちは国際主義に向かい、そしてそのままグローバリズムにつながっていった。

しかし、日中国交回復、バブル崩壊と時を刻んで以降の数字が明らかにしているように、いまや日本の貿易の５割以上がアジアとの貿易です。中国との貿易は23％までになっている。90年にはわずか３・５％だったのに。経済的利害の相手としてのアジアは目の前に台頭してきていましたが、今度はアジアの解放という文脈とは違って、同等の目線で世界経済を創造する者として、アジアとの新しい友好や連帯が問われてくる。繰り返しますが、それなのに日本が矮小な日本主義にはまり込んでいること自体が、令和という時代が抜き差しならないパラドクスに満ちたものになる予感でもある。

**佐高**　そこで、閉塞状況を開いていくために、これは寺島さんのキーワードですが、ソフトパワーが重要になってくる。つまり、これまではハードパワーばかりで政治を語ってきたけれど、ソフトパワーつまり教養で社会を語ることが求められるのではないでしょうか。未来のヴィジョンはそこからしか立ち上がらないように感じます。

**寺島**　まさに我々が創造力を注ぐところの、文化力ですね。

**佐高**　ハードパワーでしか語らないから、ヴィジョンに深みも継続性もない。中国のことで言うと、たとえば魯迅について、夏目漱石から影響を受けたとよく語られるけれども、二人はともにロシアのガルシンの『紅い花』を読んでいる。精神病の患者が、精神病院の傍らに咲く赤いケシの花を世界の悪が凝縮されたものと思って摘もうとする、ある意味でひじょうにマイナー性の強い作品です。ここでガルシンを介した、魯迅と漱石の不思議な内面的なつながりを考えることができるかも知れない。

つまり、アジアの、どんな内面を持った誰と、どのように相手を尊重して、連帯するのかということです。かつて日本は、上から目線で、内面指導と称して天皇陛下万歳を言わせて、アジアから背を向けられた。人々の内面を無視して踏み荒らした。いま櫻井よしこなんかは、中国の悪口を言うけれど、天安門事件で弾圧されて逃げた人たちの内面に寄り添って、彼らと連帯するのかといえば、そういうことは決してしない。習近平政権の中で抑圧されている人権派とか、そういう話はしないわけでしょう。すごくご都合主義ですよね。これはもちろん左派にも返ってくる話ですが。

## 中国の実験への深い興味

**寺島** 佐高さんもそうだと思いますが、中国に対する我々の目線の中には、戦後の中国の実験に対する深い興味があったと思います。現在の中国の強権主義を持ち上げるつもりはない。ただ、文化大革命を経て、毛沢東主義に辟易しながらも、官僚の本質は人民のために奉仕することだと、とにかく毛沢東は言い続けてきた。中国の地域医療革命を象徴する「はだしの医者」(人民に奉仕する医者)なんていう言葉が頭にちらつくこともあり、心のどこかで「民衆の中へ」という中国の実験に我々は心を引きつけられてきました。近代化にも様々な路線があって、戦後日本のようにアメリカの支援を受けながら復興成長のプロセスを遂げていくのとはまったく違う考え方で進もうとする近代中国に対して、敬愛ではないけれど怯えにも近い関心があった。

**佐高**　私にしても、希望を託したところがある。

**寺島**　ところがその後の中国が、アメリカも真っ青というくらいにマネーゲーム化していき、日本の戦後の工業生産力モデルの後追いのような中国モデルも歪み始めた。一方で中国の台頭という言葉を使いながら、他方、かつての「はだしの医者」はどこに行ったのかと、中国の民主化を厳しく睨んでいたいと私は思います。天安門事件も、香港や台湾に対する圧力も、単に中国の強権主義に対する反発というにとどまらず、いまの政権の限界に対して、戦後なる時代を経験してきた我々は複雑な思いと強い批評眼を持ってしかるべきなんです。中国をむしろクールに見る視点というかな。華人華僑圏と言われている香港やシンガポール、台湾が、中国本土の政治にどう影響を与えていくのかについても興味深く見つめている。だから、日本の反中国で凝り固まっている人たちが、中国を「大中華国」という視界で議論しようとしないことに対して、私は驚きを持っているんです。

**佐高**　日本の反中国の右派には、好きか嫌いかしかない。でも中国は好きか嫌いかで接してもらわなくていいと思っている。日本と中国はお互いに無視できない存在であるわけです。その関係性を深掘りしながら、時に適度な距離をはかり、時にソフトパワーで相手の懐に入るという、真っ当なつき合い方ではなくて、一つ嫌いになれば全部嫌い、みたいな、やけに頭に血が上った対応を右派はしてしまうでしょう。

**寺島**　タイでの講演のときに話したのですが、私はこれまで大中華圏を、わかりやすくするために台湾、香港、シンガポールと本土中国の四角形の中で捉えていました。しかし、やはり東南アジアの華人華僑の人たちの存在を考える必要があります。たとえばインドネシアには880万人の華人華僑がいる。マレーシアには700万人、タイにも800万人いる。実数で言うと、華人華僑国家と言われているシンガポールの倍くらいになります。しかもタイの800万人というのは人口の1割強なんだけれど、GDPの3〜4割は華人華僑が握っていると言われている。タクシン元首相の微妙な不安定さというのは、彼自身の華人華僑の血と無縁でないと思います。タイを引っ張っていくには、華人華僑との調整調和にものすごく苦労するわけです。放っておくと経済の大半を華人華僑が握ってしまう。

## 東南アジアの華人華僑

**寺島**　東南アジアに数千万人いる華人華僑の人たちを考える時、我々が気づかないといけないのは、彼らの多くは中国における漢民族出身だということです。中国がモンゴルに支配された時代、あるいは清朝で満州族に支配された時代に南に追いやられた華人華僑、たとえば客家という漢民族のグループが、オーバーシーズ・チャイニーズ、華人華僑のネットワークを支えている。リー・クアンユーも鄧小平も台湾の蔡英文も、皆、客家であり漢民族だった。

習近平がいま多民族統合の概念としてよく使う言葉の一つが「中華民族の復興」です。それは中国国内の多民族を束ねていく時のメッセージであると同時に、オーバーシーズ・チャイニーズを睨んでいるわけです。彼ら海を越えた漢民族の人たちにしてみれば、中華民族の歴史的栄光という概念は痺れるんですよ。西欧の大航海時代の100年も前の明の時代に「鄭和の大航海」が行われ、7回の航海で中国人はインド洋を渡り、実はアフリカのモガディシオにまで行っていたというメッセージは、シンガポールにいる漢民族の人たちをも奮い立たせるんです。

もちろん現在の中国の政治体制に対しては批判的な人たちも多いけれど、華人華僑のネットワークが中国の成長力を支えているエンジンであるという認識は共有されている。たとえば台湾、香港からの投資、技術を引き込んで中国は成長してきている。華人華僑を産業連携体と考えたほうがわかりやすいのです。中国を議論する時に、中華人民共和国=中国と考えないほうがいい。大中華圏というのは国境を越えたネットワークであるということ。これはユダヤ人とよく似ています。現在、香港の反政府デモが注目されていますが、これも、アジアの大中華国ネットワークが香港のデモを支援しているから、こんなに続いていることを知るべきです。中国にとって、大中華国は両刃の剣なのです。

日本はハワイ移民の第二代目で、すでに日本人としてのアイデンティティを失っているということが民族意識調査で必ず言われるのですが、中国人は何代過ぎようと自分たちが中国人だというアイデンティティを失わない。サンフランシスコのチャイナタウンの人から横浜中華街の人まで、自分たちが中国人のオリジンであるということにアイデンティティを持っている。そういう人たちが世界中に6000万人以上のネットワークを作っている。その有機的な連携の中で理解しないと、中国はわからないというのが私の中国理解の大きなポイントです。

かつて日本はシンガポール占領中に日章旗を立てた。そしては昭南神社という神社を建てる。それは反発しか買わなかったのですが、大英帝国はシンガポールにソフトパワーとしての文化を植えつけた。私の言う「ユニオンジャックの矢」です。だからシンガポールは面白いんです。大中華圏として漢民族の文化を担いながら、英語を共有して大英連邦ネットワークにもつながっている。日本は漢字文化を生き、漢文化の中で自らのある部分を形成していることは確かなのに、中国からの影響を否定しようとする。ネットの時代、ＳＮＳの時代に、大中華圏のネットワークがコミュニケーションという面でさらに緊密な意味を持ってしまっているのに。そういう視界から見ると、日本は本当に異様に映るだろうということを考えないといけない。

## 「やってる感」だけが演出される

**佐高**　歴史から学んでも、現状を見据えても、アジアとの相互影響の中で生きていくしかないというのに。逆に言うと、歴史に学ばない、現状をまともに見ないというのがいまの安倍政権ですからね。

**寺島**　話をさらに前に進めると、戦後民主主義をどう育てて展開させるかということが課題になる。民主主義という仕組みこそ、実はリーダーが大事なんです。誰がどういう選択肢を提示して、人々を牽引していくかというリーダーシップが。リー・クアンユーのシンガポールを見ても、開発独裁国家という批判はあるにしても、1人のリーダーによってこれだけ国が変わるのだということを思い知らされる。

いま日本人が気づかなければいけないのは、続々と登場してくるリーダーが、まず政治家の2世3世ばかりだということです。日本の様々な現場で歯を食いしばって支えた人がリーダーになっていくのではなく、多くは家業として代々政治家をやっているからそういうものだろうというレベルでいる。そういう人たちが、政治家で飯を食っている人の大部分を占めている状況は、世界広しと言えども日本にしかない。これは端的に、戦後日本の歴史が新しい方向感を見失って劣化しているということです。この国の政治に対する期待がどんどん低減しているということです。

いまの若者が保守化しているとよく言われるし、実際に現政権に対する支持率は若い人が高い。どうしてなのか。一つ見えてくるのは、成功体験のない世代、つまり右肩下がりの時代に4半世紀並走している世代からすると、「うまくいっていなくても、リーダーとして力がなくてもいいじゃないか」「とりあえず一生懸命やろうとしているじゃないか」という「やってる感」を受け取っている節がある。つまり電通など広告代理店の発想で、やっているように見せる仕組みだけが先行してしまっているんです。

**佐高**　そこは、いまの安倍政治の本質として重要ですね。小泉の劇場型政治の先に、ろくなことをしていなくても、とにかくとりあえずしっかりやっているように見せる政治というものが成立してしまった。それが人々の政治的アパシーをどんどん深めていく。

**寺島**　外交にしろ経済政策にしろ、「やってる感」を漂わせる政治を作ることが大事なのだ、と。立派で優秀な指導者でなくてもいいじゃないか、と。かつて我々が美空ひばりのような大スターを、その能力や実力や努力に共鳴して支持したのとは異なって、ＡＫＢに夢中になる若者に、「なんで好きなんだ？」と訊くと、自分の至近距離にいるような女の子がそこにいて、「いいじゃないか、頑張っているんだから」という感覚なんです。時代を大きく変革していける存在に共鳴するのではなくて、自分たちと等身大の存在を、「いいじゃないか」と支持する。

## 「モスラ」のシベリア体験

**佐高**　隣のお兄さん、隣のお姉さんへの感情移入と言うかね。漢民族の話がありましたが、清は満州族による支配ですよね。清は漢民族に辮髪を強要し、服従の証にする。魯迅も辮髪をつけていた時代があるんです。彼は、辮髪を切るという清朝への抵抗を学生には勧めなかった。辮髪を切っただけで清に反発したことになって厳しく罰せられたんですが、魯迅はたかが髪型が人間の生命を脅かすことを深く嘆いています。髪型という生活習慣一つにも、異民族との対峙が刻印されてしまう。そこをどう生きるかという課題が常にある。日本と中国との違いは、異質な存在に対する考え方に日本が慣れていないこともあると思います。

現政権を含めて、過剰同調と思わせないように同調を作るのがいまの支配ですよね。そこをどう突破するか。他者とつき合う方法、同調せずに違いを尊重する作法をどう作るか。寺島さんのおっしゃる魅力ある政治家、指導者も、そういう社会にしか生まれない気がします。

**寺島**　若者は「イマ・ココ・ワタシ」という価値観の中にころんと小さく固まっているように見える。一方で潜在願望として、ホリエモン的なはみ出し者とも思える存在に対して共鳴してみせる空気感がある。なぜかと訊くと「自由に生きているから」と言う。つまり、好きなことだけやって生きているのがいい、と。

**佐高**　尊敬する人は誰かという問いへの答えにも、時代が映し出されますよね。

**寺島**　私は高校時代に頭でっかちな少年でした。現代国語の先生に、モスラというあだ名の男がいました。この先生はシベリア抑留13年で日本に生きて帰ってきた。私がいろんな問答をモスラとやっていると、あるときモスラはかつて旧制高校生が読んだという本をドーンと持ってきて、「お前ね、生意気なことばかり言ってるけど、この本を全部読んでから俺のところに来い」と言う。それで私は戦後の札幌の田舎の高校生として、旧制高校生が読んだような本を読んだ。私はむかっ腹を立てながら一生懸命に読んで、また先生のところに行った。変な奴だと向こうも思ったでしょう。

彼が私に言ったのが「寺島くん、人間は弱いものだぞ。俺がシベリアに抑留されていた時代、毎朝アルマイトの皿に豆が盛られて出てくる。豆の量が隣の奴より少ないと心が騒いで、こいつは情報でも売って一人でいい思いをしているんじゃないかという、仲間に対する猜疑心や嫉妬心が芽生えてくる。自分自身が嫌になったぜ。なんて小さい人間なんだ、とね。アルマイトの食器の豆の量で今日の吉凶や、あるいは人生の幸せを感じるほど、人間というのは弱いものだ。逆さ吊りになっても自分の考え方を曲げないという思想哲学を身につけるなんてことは、只事ではないんだ」という話でした。

シベリア抑留13年というのが利いているから、こっちはビビってしまう。高校時代にそういう先生がいたんですよ、斜め上に。佐高さんは久野収さんのことを書いているけれど、その空気に近しさを感じる。やばいぞ、こっちの経験をはるかに超えたすごい人がいる、という感覚です。

## 「孤独」ではなく新たな「連帯」へ

**佐高**　戦争という限界状況の中で思想を鍛えた人たちですね。

**寺島**　私は田中清玄に2度会ったことがある。私の友人が田中清玄に仲人してもらうということになり、友人代表の私が田中清玄のところに行った。その時に田中が「寺島くん、監獄に入ったことはあるか？」と訊いてくる。もちろんないです。「とんでもない」と答えたら、「監獄に入るのがどれほどつらいか、君はわかるか。小さな窓に桜が咲くと、春が来たんだなと感じる気持ちが一段と強い。だけど監獄に入るくらいの気迫なくして、世の中に発言するなんてことはできないんだ」と言った。共産党の中央委員長として弾圧されながら闘っていた当時のことだろうと思いました。私が会った頃は完全な右翼でしたけれど。

**佐高**　田中清玄は右翼転向した戦後も、角栄がアメリカからの自立を構想した時に石油というエネルギーの面で支えたところがあって私は重要人物だと思っているのですが、その発言は迫力がありますね。

**寺島**　私はこの時も、自分たちの土台がいかに弱いかということを感じました。前にも話したように、戦後の我々は「自由なことをして生きていい」と言われた初めての世代ですが、その人間が持つ弱さですね。私はそれを、モスラや田中清玄といった何人かの先輩たちから思い知らされ、それを自分なりに味わいながら戦後を生きてきた気がします。

**佐高**　一方で私は、かつて魅力を感じた先行世代に落胆することが最近あって、それは五木寛之の『孤独のすすめ――人生後半の生き方』とかなんです。あれがベストセラーになっている。たしかに強制同調の中で孤独を嚙みしめるのは必要だと思うけれど、孤独をすすめるばかりでは仕方ないと思う。人間、それぞれが違った中で結び合うことのほうがよほど難しく、よほど面白いわけですよね。

高村光太郎が戦後、戦争責任を感じて花巻の山小屋に閉じこもった後、「孤独が何で珍しい」という詩を書いている。一人で責任を感じて、誰も話しかける相手もいない中で責任を痛感した人間は、そんなふうに言うものだと思うんですよ。それが、我々より甘くなく育ったはずの人が、なんでそんなことを語ってしまうのか。

**寺島**　孤独の礼賛だけでは、諦めの哲学ですよね。仏教は下手をすると現世に対して肯定的に諦めさせる思想だと理解されるんです。妄執を取り去ってあらゆる欲望を絶って諦める、それが解脱であるかのように誤解される。でもそれはまったく違う。解脱とは、いかに緊張感をもって自分の内側を見つめるかということです。それがいつの間にか、開き直るような孤独論に行き着いてしまった。私もその風潮が気になっています。

孤立どころか、いま我々は、自分の子どもや後続世代に、「何をやっておかなければいけないか」と問いかける必要があります。その時にどうしても伝えておかなければいけないことがある。それは日本近代史の教訓です。戦後になって、皆が自分自身の人生を自分で決められるという時代ができた。誰かによって強制されたり抑圧されたりすることが肯定されてはならないし、努力して自分の人生を切り拓こうとする者に公平なチャンスと可能性を与える仕組みについて、もっと強くこだわらなくてはいけない。それが損なわれつつあることに、もっと憤らなくてはいけない。戦後民主主義はいままさに試練の中にいます。諦めさせられて、関心を失わせられて、いつの間にか国権主義的なものに拍手を送るような方向に向かっている。これは本当にまずい。

**佐高**　アジアの問題でも、孤独のすすめ、孤立のすすめでは、何も動き始めない。いまのままでいいのだということになってしまう。そうすると、かつての谷川雁の運動論をもじって言えば、「連帯を恐れて、孤立を求める」ということになってしまいます。「連帯を求めて、孤立を恐れず」というのが本来でしょう。アジアとの関係も含めて、孤独がいいんだなんて、すかしている場合じゃないという思いがいますごくありますね。

# 第7章　戦後日本の矜持

## 宗教は現世権力を相対化してしまう

**佐高**　前回、仏教が矮小化して語られることへの危惧が寺島さんから示されましたが、宗教の持つ力について改めて語っておきたい。天草四郎の島原の乱には当然ながらキリスト教が影響していますよね。加賀や近江や越前の一向一揆もある。仏教を個人の諦観と理解する立場に立つと、抵抗や反乱の起爆剤としての宗教という側面がまったく抑えられてしまう。

**寺島**　宗教の怖さであり偉大さは、現世的な権力をあらゆる意味で相対化してしまうところです。なぜ一向一揆が時の権力に対して、信長だろうが秀吉だろうが震え上がらせる抵抗力を持ったかというと、時の権力を相対化する力があるからです。だから宗教は怖いし、大事なのです。法然から親鸞に至る流れが日本人の仏教に対するパラダイムを変えたのは、「招福神」、もしくは「国家護持」のために入ってきた仏教が、民衆の仏教になったことです。

その後ザビエルがキリスト教を伝えるために日本に入ってきて、日本人は自分の言うことを水が滲み入るように理解できると驚いた。絶対平等主義という点で、親鸞の宗教思想の土壌が、キリスト教をして浸透せしめた時代であると言える。明治期のキリスト者の内村鑑三が「わが善き信仰の友親鸞」なんて言い方をしていますが、キリスト者が親鸞を評価する理由はそこにあります。我々は親鸞の他力本願という言葉をネガティヴに受け取りがちですが、それは「善人なおもて往生を遂ぐ、いわんや悪人をや」という、絶対平等主義のもとで仏に帰依することによって課題に立ち向かっていく問題意識なんです。

ところがそれを単なる念仏主義にすぎないと言って、念仏を唱えていれば救われるはずはないという形で登場するのが日蓮です。日蓮は時の鎌倉政府に対して刺し違えるような覚悟で蒙古の襲来などを予言し、あらゆる弾圧に対抗し、首を切られる瞬間に雷が落ちたという日蓮神話が生まれる勢いで政治に立ち向かう。

以後、日蓮の後ろについてくる宗派は、日蓮宗であれ日蓮正宗であれ創価学会であれ、政治志向が強いんです。政治が変わらないと人間の内側の価値をも変えることができないという考え方に日蓮系の人達は向かう。それは間違っているという意味ではなくて、すべて目の前に存在するものに対する克服の論理として登場してくるところに特徴があります。

仏教は面白くて、「加上」という意味が理解できないと、仏教はわからないんです。つまり釈迦の仏教と大乗仏教はまるで違う。釈迦の仏教は世の中を救おうとは微塵も思いませんでした。嫁を捨て、子どもを捨て、家を捨てた者が、ひたすら自己の内面、自分の解脱のために向き合ったのが原点です。次の段階で大乗仏教が派生する。

キリスト教をキリスト教として確立したのがパウロだったように、大乗仏教の成立と拡大には龍樹という僧が大きな役割を果たしました。そこから中国に伝わり、中国からさらに日本に伝わって、親鸞や法然が出てくる。親鸞自身が自分には7人の師がいると書き残している。インドの龍樹、世親、中国の曇鸞、道綽、善導、日本の源信、法然。親鸞という名前は世親と曇鸞からとって名付けられた。親鸞の中にはユーラシアの風が流れているのです。その中で仏教が変質していく。加えられ、次から次へと上塗りされていく。それが仏教の特色です。

## 世間の秩序を飛び越える

**佐高**　時代の中でなされてきた上書きを、積極的に捉えるというわけですね。

**寺島**　そうです。釈迦の仏教がだめだと言うのではなく、釈迦の仏教がどういう形でアウフヘーベンされてきたのか。上に乗ったものが、今日我々が理解している仏教のどの部分なのか。自分が檀家である仏教だけが仏教なのではなく、「加上」という観点で考えてみると、仏教の歴史的な体系性が見えてくる。加上されてきたから、仏教は世界宗教になった。そうでなければインドの一地方の民族宗教で終わっていたと思います。

ヒンズー教の信者は10億人といわれ、仏教の倍以上です。が、信者数は多いのにヒンズー教が世界宗教と言われないのは、あれはインド大陸の宗教で終わっているからです。その意味で、加上されてきている仏教の怖さ、仏教の深みを理解しなければいけない。それは佐高さんが言われたように、時代との闘いの中で生まれてきた。世の中の矛盾には背を向けて、孤独を味わいながら諦めの境地に至ることが仏教だと思ったらとんでもない。

**佐高**　仏教からは離れますが、自由民権運動の激化事件である秩父事件のスローガンで面白いのは、「おそれながら天朝様に敵対するから加勢しろ」というものです。貧農たちが明治天皇制国家の支配に刃向かう時に、「おそれながら」と一応措いておく、この感覚です。秩父事件には神道禊教の信者も関わっていたし、リーダー田代栄助は博徒ですよね。世間の秩序を飛び越えられる人が、自由民権を支えたとも言えるのではないか。

**寺島**　宗教というのは、現世をかいくぐって生きるための内向きのメッセージではない。自分を練磨しながら、時代の中で何を優先させていくかを見極める知の回路だと思います。

**佐高**　平成のうちに、オウム真理教の元幹部たちを死刑にしましたよね。安倍政権はそれなりの恐怖心があったんでしょう。

**寺島**　私がアメリカにいた時に、オウム事件が起こった。アメリカ人からいろいろな質問を受けました。「仏教徒って危険だよね」と決めつけてくる。彼らからしたら、考えられないような事件が起こって、実行者たちは一応仏教徒だと言っているらしい、と。ああいう事件が起こると、仏教徒はやばいところに立っているんだなと海外からは思われてしまう。私は、「冗談を言わないでくれ。仏教をそんなふうに理解してはいけない」と説明しましたが、すごく苦労した記憶があります。

ある宗教に凝った連中が、カルト教団にまでなってしまう。たとえばキリスト教の中からカルト教団が生まれて、全員で自殺したと聞くと、正直に言って我々は気持ち悪さを感じます。オウム事件の時、仏教の側に立っている人で、自分たちの仏教と、カルト教団化した仏教の違いを語りきれた人はあまりいなかったと思います。

## 至近距離で見た麻原彰晃

**寺島**　イスラム国なんていうものが生まれて、イスラム教は暴力的で危険だというイメージがさらに流布することについて、イスラムの側から批判しきるのも難しい。これは大川周明が面白いことを言っているんですが、キリスト教は、実はキリストが死んでから100年も経ってから使徒たちが作り上げた宗教であるけれど、イスラム教はムハンマドが生きている時にムハンマド自身が自らの軍団を率いてメッカを制圧したということです。大川はその違いを見抜いていた。つまりイスラムは世俗と宗教を一体化させているところがある。

ムハンマド死後100年も経ずして、イスラム軍は北アフリカからジブラルタル海峡を渡って、スペインにまで入っていく。ジブラルタルというのは、ジブラル・タリーク、つまり「タリークの丘」という意味です。タリーク・アズィーズというイラクの副首相がいましたよね。私は面談したことがありますが、タリークという名前の由来はジブラル・タリークからきている。イスラム軍を率いてあの海峡を渡ってスペインに攻め込んだ将軍の名前はタリーク・イブン・ズィヤードだった。

**佐高**　イスラム国を見て私たちは、なぜ宗教団体がいきなり国を名乗り、次々と野蛮なことをやるんだと思ってしまうけれども、イスラムはもともと聖俗一体のところがあるんですね。ムハンマド自身が宗教者であり、同時に軍の組織者でもあった、と。

そこに他の宗教とイスラムの違いがありそうですね。

日蓮の国主諫暁という強烈な政治志向も、オウムが国家転覆を図ったことも、聖俗一体化の現れと言えなくもない。かつてオウムに破壊活動防止法を適用する動きがあって、その時に私は公聴会の立会人になったんですよ。『噂の真相』の岡留安則に頼まれたんですが、「殺人集団の味方をするのか」と言われて、大変でした。

もちろん私はオウムを擁護するのではなくて、オウムに破防法を適用するのは行き過ぎだと主張していたわけです。とにかく麻原に弁明させなくてはいけないということになり、でも当時、まことしやかにオウム残党の麻原奪還計画が語られたりもしていたから、麻原を移動させることができなくて、それで東京拘置所で公聴会をやることになった。

**寺島**　そこで佐高さんは麻原と対面したんですか？

**佐高**　対面というわけではないけれど、ごく小さな部屋で、至近距離にいました。法務省の役人と、弁護士が三人か四人、それで立会人の小沢遼子と大学の先生と私が3人が並んでいるんです。後ろに新聞記者二〇人くらいいましたかね。そこに麻原が来た。

**寺島**　弁護士はオウムの弁護士？

**佐高**　いや、オウムの弁護士じゃなくて、死刑弁護人の安田好弘の仲間とかですね。それで、麻原は教義を見事に説明するんですよ。

## 聖俗の只中で見極める

**寺島**　その時はまともだった？

**佐高**　まともと言えばまともでしたね。１時間半、一気に仏教の話をしました。私はどこか斜めに聞いていたけれど、それでも聞かせる力がある。インド哲学がどうのこうのと、何を語ったかは別にしても、話の枠内では説得力があるんです。これは優等生というか受験エリートたちは引っかかってしまうなと思いました。

**寺島**　私が行かなくてよかった。「それは違うよ」とか言ってしまいそうだから。

**佐高**　麻原の発言に対しては発言は許されないんです。私を含めて立会人は、麻原が任命した形になっている。だから私は、拘置所に入る時に職員から、とんでもない犯罪人と同類というような、すごい目つきで見られました。

**寺島** それなりの人なんだなという印象を与えたということですね。その後はおかしくなったでしょう。

**佐高** ええ、詐病なのか本当に病んでいるのかが問題になりましたよね。とにかくあの時、私は社会の敵対者としてひどく叩かれましたね。夜中に抗議の電話が来たりね。

**寺島** 時代の観察者としては、麻原がどんな人物なのかに当然興味がありますからね。

**佐高** 馬鹿とか極悪人というレッテルだけで、一蹴はできないと思いますね、麻原は。

**寺島** ヒトラーについて、後から皆が否定的に言うけれど、その時点ではほとんどの人が魅入られたわけですから。それと同じように、煽動の技術というのは恐い。

私はオウムを海外から見ていたけど、佐高さんがそんな至近距離で見ていたとは。でもその体験は、戦後の証言として重要ですよ。

**佐高** 寺島さんは宗教をめぐって聖俗一体化がはらむ危険性を話されて、鋭い問題意識だと思って聞いていたんですが、一方で私は、聖俗切り離しの危険性もあると思っています。前回話した孤独の礼賛への違和感というのは、孤独を聖化して俗を排することへの嫌悪でもある。だからどんなに苦しくても、危険性を含んでいても、聖俗を切り離さないで対峙する、知性によって見極めていくことを伝えないといけない。

**寺島**　本当にそうですね。ヒトラーのユダヤ攻撃を見てもわかるけれど、彼は画学生としてウィーンにいた頃、反ユダヤ思想に目覚めている。金貸しから画商まで、様々なユダヤ人たちを見てきて、この世の邪悪なものの背後にはユダヤ人がいると思い込んでいった。この論理の延長線上には、「金貸しが全員ユダヤとは限らない」とか「金貸しが全員悪だとは言えない」という観点が消え、「ユダヤ＝悪」となってしまう。さらに自分自身がその図式に駆り立てられ、ユダヤ人憎悪だけがエスカレートしていく。その時、どうやって真実を峻別するかが合理性であり理性です。

## 電撃が走るような出会い

**寺島**　犯罪者集団という意味では確かに「オウム＝悪」ですよ。しかしオウムのなしたことが破防法適用につながるのかについては、合理的に考えなくてはいけない。権力側はそこを当然のこととして被せてくるでしょう。対して、我々に問われるのは、やはり知的であるとはどういうことかということです。

嫌中とか嫌韓とかには必ず、あることをもってすべて本質的なことと見なすという力学が働いている。我々の世界認識は、それをどう避けるかという理性で踏ん張らなければいけないと思います。

**佐高**　寺島さんの言う本質論に加えてもう一つ、ヒトラーの反ユダヤ主義にも関わりますが、お金を悪とか汚いとか決めつけて嫌悪するのではなく、汚辱を含んだ社会とどう対峙するかを身につけておかないと、聖に逃げ込むことになると思うんです。

かつて私は東工大の新入生の歓迎会に3年連続で呼ばれました。そこで私は、「あなた方は受験戦争の勝者かもしれないけど、人生においてはまだ未熟者だ」と言いました。校門をくぐると、「統一教会に気をつけよう」というビラが置いてある。「未熟だからそういうものにやられる。そういうものを批判的に見る目を培わなかったから、受験の勝者になれたという面もある」とかなり辛口なことを話しました。父母も来るでしょう。晴れやかな門出の時なのにと、親はガクッときたようでした。オウムに簡単にそそのかされるのは、俗に触れ合わなかったからだと思います。

**寺島**　震え上がるような大人と出会ったことがないんですよ。内面で葛藤しながら、「これが大人というものなんだ」とか「考える時はこういうふうに考えなければいけないんだ」とか、電撃が走るような大人との出会いがないまま、ある年齢にまで達してしまう。しかも受験校を突破して、いわゆる一流企業に入ってきた連中は、本当に土壇場に立ったことがない。どう生きていったらいいのかという、ロールモデルがないんです。

逆に国家単位の話で言えば、リーダーというのは、耐えながら、国民に向かって言いにくいことでも本当のことを話す存在でなければならない。広告代理店が上げてくるようなシナリオではなくて、「日本の100年後を見渡して、自分はこれをやっておかないといけないと思うから、ここを理解してついてきてくれ」ということを語る迫力がなければならない。ことほどさように、大人が大人としてのロールモデルを果たしていない。

## 「自分の頭で本気で考えてみろ」

**寺島**　私はいま多摩大学の学長を務めていて、九段下のサテライト教室で毎週土曜日に社会工学研究会というのをやっています。1年かけて一つのテーマを追わせている。グループ学習とフィールドワークと文献研究をしながら、私も毎週話をします。これを10年積み上げてきて、だいぶ手応えを感じるレポートが上がってくるようになった。時間がかかるなというのが本音ですが、大学の勉強ってこういうものだ、無駄ではなかったという思いもあります。SNSで安易にキーワード検索したようなレポートを書いて終わるのではなくて、自分の頭で本気で考えてみろ、と。そのためには神田の古本屋街を歩く必要もあるのです。

以前話したこととも重なりますが、古本屋のきわめてアナログな空間に身を置き、本の背表紙を睨みながら、「ここにこんな本があった」と感激して手にする。私が学生時代に早稲田の古本屋街を歩いていた頃は、本を見つけたけれど高くてすぐには買えない時には、棚の後ろのほうに置き直して売れないようにして、アルバイトしてお金を作ってからこようと考えた。それでついに手に入れた時の感激と、その時読む内容と行間。

いま私は本がいくらでも買える環境に置かれて、俺もだめになったな、と思うわけです。つまり本を手にした時の感動が薄れていって、「この程度の本だろうな」と、座標軸の中にプロットできる。先達が築き上げた知見にアクセスしようというときめきの中で本を手に入れていた頃とは違ってしまいました。でも学生には、「ときめくような本との出会いをしなくてはだめなんだ。このままだと携帯電話握りしめて死んでいくことになるぞ」と言うんです。

**佐高**　僕も早稲田の古本屋にはよく行きました。金壺眼で見ているおやじがいたりする。「こいつはどれくらい本をわかっているのか。ああ、こんな本を買うのか」と見ている。そういう環境で本を手に入れて読むという経験。当時はいまのようにアマゾンで翌日には届くということではなかったですからね。戦後という時代に、私たちはやはり人とも本とも濃い出会い方ができたという気がします。

ところで、寺島さんがそこに身を置いて仕事をしながら思想形成していった三井物産という商社は、戦前は国策会社だったわけですから、独自の戦争体験を持つ人もいたのではないですか。

**寺島**　そうですね。アジア方面に軍属としてインテリジェンスの仕事をしながら展開していた人たちも、戦後、三井物産に戻ってきていました。それこそ瀬島龍三は、伊藤忠の顧問という形でシベリアから戻ってきたけれど、私は彼と1回だけ面談したことがある。彼は「寺島くん、僕も三井物産の社員証を持っていたことがあるんだよ」と口火を切った。自分は大陸を三井物産の社員証を持って動いていたのだ、と。私が入社したとき、調査部長の大森さんという人がいまして、彼はシンガポールで捕虜収容所に入れられた経験があったんです。若くして兵士として向こうに行ったんですね。新橋の赤提灯に連れていってもらって飲んでいると、彼が定番のように涙ぐんで絶句する話がありました。

## シンガポールの収容所での体験

**寺島**　会田雄次がビルマでイギリス軍の捕虜になった体験を書いた『アーロン収容所――西欧ヒューマニズムの限界』という有名な本があります。イギリスの女性が自分たちの前で平気で裸になって着替えている。つまり自分たちは家畜みたいなもので、人間の男性という目では見られていないのだと会田雄次が衝撃を受ける、よく知られたシーンがある。

そういう話を私は本では読んではいたけれど、大森さんが言うわけです。鉄条網に囲まれて強制労働に従事させられて働かされ、水が飲みたいと思っても飲めない時に、誰とも知らないシンガポールの人が、鉄条網の向こうから柄杓で水を飲ませてくれたそうです。「それを思い出すと」と、彼は涙ぐむ。アジアは日本に失望を感じながらも、一方で同じアジア人として、捕虜にされている者に同情したり共感してくれたりする人がいたと、大森さんは呟くように語っていた。

まさに一兵士として戦争を経験した人、一兵士として捕虜収容所に入れられたり、シベリア抑留された人が、我々の世代の前にはいた。その人たちが持ち帰った空気を、我々は簡単に忘れてはならない。それが戦後日本に向き合う時の起点だということを言っておきたいですね。

佐高さんにも、酒田にそういう人がいるのではないですか。

**佐高** 私は庄内農業高校というところで教師になって、組合運動をやりました。そんなに熱心ではないけれども、一応組合に入っている先生がいたんです。その人が「お前たちが言うこともわかるけれど、戦争はだめだと何回も言われると、自分たちの青春が否定されるような気持ちになるんだ」と言った。

**寺島** 老教師ですね。

**佐高** 当時、40代後半でしたか。そう言われて、私はハッとした。私は当然のように「戦争反対。平和を守れ」と主張するけれども、戦争の中に青春があった人たちがいる。彼らには我々よりもはるかに深い傷と悔恨が体内に引き続いているだろうし、そこには一片の甘酸っぱいものもあるんだ、と。そこを考えないと我々の運動は広がっていかないと教えられました。その先生は戦争体験をあまり話したがらない人でした。

それと私も、高校時代の先生で一人いましてね。佐藤善一といって、後に酒田の教育委員長になった人です。京都大学の法学部を出て、結核で会社を辞めて、酒田に帰ってきて教員になった。私はこの人の影響を受けて、東大ではなく京大を狙ったんです。この先生の家にしょっちゅう出入りしていました。世界史の授業を担当していて、もともと法学部出身だから世界史はさほど得意でなかったのかも知れませんが、印象に残っているのは、何か質問した時に、この先生が「わからない。調べてくる」と答えたことです。衝撃的でした。ごまかさないで率直に、「わからない」と言えるのはすごい。教師が全能ではないのだと自然体で告白してしまっている。

## 憧れた先生が勲章をもらい…

**佐高**　大学に入っても帰省の折にはその先生のところに入り浸って、夜中の12時になっても喋っていました。先生のうちの本棚も、訪ねるようになった最初の頃は「いろんな本があるな」くらいにしか思わなかった。でも自分が社会科学系の本なんかを読み始めるようになると、「あそこに丸山眞男の本がある。隣は竹内好だ。どういう意図で並べているんだろう」と、まさに寺島さんが言うように、本と書き手が戦後の思想史の中で立体的に浮かび上がってくる。

その先生には、教師になってからも影響を受けました。先生は、私の親父とも教師仲間で、お世話になっていたんです。先生が教育委員長になった時に、勲章をもらったんですね。うちの親父は書道馬鹿ですから、私が何を考えているかは理解の外で、「佐藤先生が勲章をもらったから、お前もお祝いを贈れ。俺はもうやった」と言う。でも青臭かった私は、「俺はやらない」と返しました。先生が勲章なんてもらうのは不満だと思っていたからです。それで先生の家に行きましたが、でも先生は勲章のことには触れない。私が批判的だということがわかっている。

ただ何かの拍子に、「一応もらわざるをえなくて、大変だった。もらったけれど、祝賀会はやらなかったんだ」と言いました。当時から勲章産業みたいなのがあって、ホテルで祝賀会をやるのが当然の流れができている。先生が祝賀会をやらないと言ったら、「非国民」と罵られたそうです。その時のことは、具体的に「この本を読んだ方がいいよ」と言われたこと以上に、心に残っています。

**寺島**　胸に響く話ですね。

先に話された先生の、若い世代が全否定する戦争が、そこで命をかけて戦った前線の兵士たちにとっては青春だったというエピソードもひじょうに重い。我々の世代は、駅前で、片手を失った傷痍軍人が白い服を着て、一人がアコーディオンを弾き、もう一人が物貰いをしているというシーンに何度も出くわしているはずです。

ある時、北海道の芦別の駅前に傷痍軍人がいてアコーディオンを弾いていた。私は親父と一緒にそこを通りかかりました。親父は温厚でバランスのとれた人だったのですが、その時、傷痍軍人とのやりとりで「お前たちはそれでも帝国軍人か」と言い出しました。そしてぼろぼろと涙をこぼして泣いていた。傷痍軍人の姿を見るのが悲しかったんでしょう。親父は朝鮮半島や満州に軍人として行っていました。だから同情心と、整理できない思いとで激昂したんだろうなと、いまになってみると思いますが、当時の私にはまったく理解できないシーンだった。

## 聖戦論と厭戦論と青春論

**寺島**　戦争体験者の戦後体験というのは、論理的には整理できないまま今日に至ってしまっている。間違った戦争だったと頭では理解しながらも、彼らは心のどこかで、アジア解放のための戦いだったとか、西欧列強に対する抵抗だったと思ってきた。ところが戦後思潮の大多数が、そのかすかな理想を全否定してくる。平和を大事な価値としながらも、過去の全否定には耐えられないという思いが複雑に交錯する。

その胸中を、戦後日本は解決できずにきた。だから、いまでも片方に聖戦論で凝り固まっている人がいて、もう片方には戦争の話など知ろうともしない人がいて、戦争も、戦後も、正当に総括できないままに令和に入ってしまった。我々から見ると歴史の真実を直視すべき戦争なんだけれど、当事者たちの中では、聖戦論と厭戦論と青春論がないまぜになっている。それが戦後日本の深層底流にある。我々はこれを精神史として整理して、本当に筋道の通った日本近代史と向き合わなければいけないのではないか。

**佐高**　そこでは世代論に加えて、責任論がからんでくるんだと思います。「私たちにとっては青春だった」というのは、私が嵩にかかって軽々しく過去を否定したことに対して、その先生は言ったんです。その先生の世代だと戦争が終わった時に20～30代ですよね。責任の取りようもない。企画した明治世代の、責任への自覚のなさも大きな問題です。

ダイエーの中内功が「大正生まれの我々が」という言い方をしましたが、そこには明治生まれの者が仕組んだ戦争によって、大正生まれの我々が従軍させられたという意味合いがこもっている。軍事指導者たちと、判断停止に陥って戦争に行かされた者たちをきちんと分けて、戦争を伝えていかなければいけないということがあります。

**寺島**　確固たる明治を背負ったタイプの人たちは、大正世代の甘さによって敗れたと思っている。明治の西南戦争から日清・日露を生きた感覚の人からすれば、大正デモクラシーとか甘っちょろいことを言いやがって、という思いがあるわけです。自分たちが育てた軟弱な子どもたち、西欧文化に半知半解で影響を受けたナマクラな息子たちが大正世代であり、それが脆くも崩れたのが昭和の悲劇だと、彼らは本気で思っています。私の親父も大正6年生まれのナマクラ世代で、蹴散らかされるように戦場に行かされました。

戦後の先頭を生きている世代から見ると、その後に来る世代がさらにナマクラに見える。戦後に真剣に向き合っていないように見える。このあたりの感覚は世代論として大事です。

ただ、戦後生まれ先頭世代として、私は特殊な人間だと思います。それは私の場合、極端に海外に出たということがある。

## 学ぼうと本気で思う時

**佐高**　寺島さんが世界各地で企業活動をされて、どんな人に会って、どんな刺激を受けたか。それは日本の戦後を別の形で見ることになりそうですね。

**寺島**　私は73年に三井物産に入り、80年代前半にＩＪＰＣ（イラン・ジャパン石油化学）という巨大なプロジェクトの末席を担ったわけですが、それは結局7000億円の償却を余儀なくされて撤退することになります。79年にイラン革命が起こって、80年にはイラン・イラク戦争が始まる。社運をかけたプロジェクトに関わり、私が情報活動でイスラエルなどに行き始めるのが80年代でした。

それで私は、イスラエルで出会った何人かのユダヤ人にギョッとなりました。その一人が、『ハアレツ』といういまでもあるイスラエルの一流紙の編集長で、彼とは何回も一緒にメシを食いました。しだいに思い出話をしてくれるようになりました。彼は第二次大戦が終わってからイスラエルに戻った人で、親の出身はウクライナだと思います。その人が語ってくれた話がいまも心に強烈に残っている。自分は本気で勉強しようと思った瞬間があると言うんです。

高校を卒業して大学に進学するかどうするかという時に、家が貧乏だから諦めなければなという思いでいたら、学校の先生が奨学金のチャンスがあると薦めてくれた。「国の制度で君も大学に進めるかもしれない」と励ましてくれた。喜び勇んで家に帰って父親に話したら、父親は「とんでもない。国の世話になって学ぶなんてあってはならない」と言い出す。父親はいかにもロシアの冬をしのぐゴツい毛皮のコートを着ていたんだけれど、それを脱ぎ捨てて日本でいう質屋で売って金を作り、「お前はこれで大学に行け」と言ったそうです。彼はそのお金で大学に行ったと言います。ロシアの冬は寒いけれども、父親は一度も寒いと口にしなかった。その時、自分は勉強しなければならないと思ったと彼は述懐していました。

ユダヤ人はなぜ優秀かという議論がいろいろあって、教育に異様なまでに力を入れる民族だという印象もあるけれど、私はその彼の話をときどき思い出す。少しばかり芝居がかっている話とはいえ、彼にとっては本当の話だったんだろうと思います。肉親の思いと覚悟を背負っているから、勉強する本気度が違うんですね。

いま日本では、高校全入制にして国が面倒を見るのがいいという考え方が主流になりつつあるけれど、国がお金を出してくれたから学校に行くという感覚と、親父が仕送りして東京の大学に行かせてくれたというのは感覚的にまったく違う。いま東京の大学に入る地方の人は減っています。でも日本がもっと貧しかった時代に、東京の大学に娘、息子を送り出し、親は歯を食いしばって仕送りしていたわけですよね。私大協が調べた統計でも、東京の下宿生への仕送り金はものすごい勢いで減っている。人間が本気で学ぼうという瞬間、どういう動機づけが人を学問に向かわせるかということについて考えてみる必要があります。

## 欧州からアメリカを見る

**佐高**　岸井成格と私の共通の恩師である峯村光郎というゼミの教授がいました。後になってからふと思い出すのは、峯村さんが「税金で勉強している奴らに負けるな」と言うんです。こちらは貧乏で苦労していたから、税金で勉強できるのはいいよなとか、国立大は安くてうらやましいなと思うぐらいだったんだけれど、その私学の気概というのは、福澤の言う自立を本気で考えていたんだなと、いまになって思いますね。国というものを所与の前提として考えてはいけないという考え方ですね。そして民間とか民主主義の「民」というものが国を相対化するという視点ですね。

**寺島**　慶應の法学部にしろ早稲田の政経学部にしろ、いま教壇に立っている人たちがどこまで自覚しているかわからないけれど、東大法学部との違いは、統治と行政のための政治学ではないということですよ。民のための政治学なんだということを、かつては徹底的にベースにしていた。

もう一人、私が目を開かされた人を挙げると、ファン・アフトさんという、オランダの首相になって、ＯＥＣＤの大使やＥＵの日本大使も務めた人がいます。彼はものすごい教養人でした。この人とは縁があって、私が三井のワシントン所長になって張り切って乗り込んでいった時に、彼もたまたまワシントンの大使として欧州からやって来ていました。「ここでもまたお会いしましたね」ということで、ときどきメシを食いました。

ある時私が、いかにワシントンに入り込もうとしているかを熱っぽく話していたら、彼がクールに言うのが、「君、ワシントン、アメリカをこれ以上深く理解しようと思っているなら、欧州に行かないとだめだよ」ということでした。たとえばオランダから見たアメリカ、イギリスから見たアメリカ、フランスから見たアメリカを、もう1度真剣に考えてみろ。そうすると新大陸アメリカが持つ意味が相対的にわかってくると言うわけです。

　私は戦後の日本人として、アメリカに強く影響されていた日本社会で育ち、過ごしてきたから、アメリカばかりを通じて世界を見るという世界観に陥っていた。それはしだいに意識されつつはあったんだけれど、彼にクールに言われて、ハッとなりました。そこからですよ、ワシントンにいる間に私が波状的に欧州に行くようになったのは。時間さえあれば欧州に行って、欧州からアメリカを見てきたその蓄積が、私の本『若き日本の肖像——一九〇〇年、欧州への旅』や『二十世紀と格闘した先人たち——一九〇〇年アジア・アメリカの興隆』（いずれも新潮文庫）などに結実していきました。

　そのことによって私自身が変わり始めたんです。フランス革命を経験した民主主義の先進国フランスからアメリカを見るとどう映るのか、アングロサクソン問題でイギリスとアメリカは一体のように見えるけれど本当はどうなのか、自分がいまいるアメリカ東海岸ニューヨークはかつてニューアムステルダムだったではないか……そういうことが見えてくると、まるで世界観が変わるという体験をした。世界史を相関的に捉えるという方法を身につけるきっかけになったのが、ファン・アフトさんの助言だったと思い出します。

## 腹括って中東で働いていた人々

**佐高**　世界的な関連性から事態を見抜こうとする、寺島流の原点ということですね。それは忘れがたい言葉でしょう。

**寺島**　もう一つ、名の知れた人物がからむわけではないのですが、戦後の日本人を考える時に、忘れられない体験があります。私が中東を動き回っていた80年代、イラン・イラク戦争真っ只中の時期、私はサダム・フセインの右腕とも言われた当時の副首相であり外務大臣もやっていたタリーク・アズィーズとワシントンで出くわして、それがきっかけとなって灯火管制下のバグダッドに何回も行くという体験をしました。その時、自分が勤めている三井物産の、バグダッドに駐在している人にももちろん会ったし、バグダッドで様々なプロジェクトに参画している企業の建設現場を支えている人たちとも様々な形で接点がありました。

ある時、工事を請け負っているエンジニアリング会社の人たちが生活している所に行ったら、男だけで何十人もがタコ部屋みたいな所にいた。しばらく一緒に話をしているうちに、ある人が私に手紙を託して、「寺島さん、あなたは1週間くらいで日本に戻るんでしょう。悪いけど日本に戻ったら、この手紙を郵便ポストに投函してくれないか」と頼まれたんです。自分の娘への手紙だと言う。

踏み込んで話を聞いたら、彼は3年も日本に帰っていないらしい。パスポートを取られてしまっていて、イラクの外に出られないのだ、と。それはサダム・フセインの陰険なやり方で、働きにきている人間に、プロジェクトの成果が上がっていないとか、持ち込んでいる機材の能力が出ていないとか、様々な難癖をつけて訴訟や揉め事を抱えさせ、それが解決するまではパスポートを没収してしまうんです。だから彼らは国外に出られない状態で働かされている。まさしくタコ部屋そのものの状況下だった。

私は何通か手紙を託されて、日本に帰ってから投函しました。「何と書いたの？」と訊いたら、「お父さんは今年もクリスマスも正月も帰れないけれど、元気でやってるから、おまえも頑張れよ」と書いたというわけです。

こういう人たちが中東の前線で、戦争状態に等しい状況下で頑張っていた。イラン・イラク戦争が起こってイラク軍機がイランを爆撃した時も、逆にバグダッドがイランに攻撃されて陥落される噂が流れた時も、日本はＪＡＬに現地への救援機の派遣を要請したら、セキュリティが担保されないから動かせないと断られた。それでトルコが助けに来てくれたりとか、いろいろなことが歴史上ありました。

私が言いたいのはこういうことです。その時、現場を支えていた労働者たちの中で、「日本はこんな時に自衛隊が助けに来てくれないひどい国だ」と言った者は一人もいない。プロジェクトに参加した末端の人までが、戦後の日本とは海外に軍を出さない国だということで腹くくって、中東で懸命に働いていた。私はときどき思い出すんですよ。あの人たちはあの後本当に帰れたのか、と。それは戦後日本のある時代だった。そのことを考えないといけないと私は思うんです。

**佐高**　商社などの企業活動は、戦後の反戦平和を前提にしていた。また、たとえば中東の戦争状態の中での日本の商社の体を張った経済活動が、戦後日本の平和を生み出してもいた。そのことに思いを致さずにはいられない話ですね。

# この国への新たな提言——あとがきの代わりに

佐高信

寺島実郎の知性は書斎に閉じこもる知性ではなく、いわば「旅する知性」である。この本で寺島さんは自分を「戦後生まれ先頭世代として特殊な人間」と言っている。なぜか？　「極端に海外に出た」からである。それによって自らの観念が固定化することを免れた。

現地を歩くことから得た発見と、本を読むことで得られる知見との幸福な往復作用が寺島さんの知性をしなやかにし、奥行きを深める。

寺島さんと私の共通して敬愛する人間として、年齢順に夏目漱石、魯迅、そして石橋湛山を挙げることができる。

寺島さんは「一九〇〇年、欧州への旅」が副題の『若き日本の肖像』（新潮文庫）

で１９０１年３月15日のロンドンにおける漱石の日記を引く。
「日本人を観て支那人といはれると厭がるは如何、支那人は日本人よりも遥かに名誉ある国民なり、ただ不幸にして目下不振の有様に沈淪せるなり。心ある人は日本人と呼ばるるよりも支那人といはるるを名誉とすべきなり。仮令《たとい》然らざるにもせよ日本は今までどれほど支那の厄介になりしか、少しは考へて見るがよからう。西洋人はややもすると御世辞に支那人は嫌だが日本人は好だといふ。これを聞き嬉しがるは世話になった隣の悪口を面白いと思って自分方が景気がよいといふ御世辞を有難がる軽薄な根性なり」

日清戦争から日露戦争に向かう谷間の時期に書かれたこの記述について、寺島さんは「漱石の視座が、いかに冷静で的確なものであったか、ということとともに、歴史はたとえ時間はかかっても確実に筋道を通していくことを思わずにはおれない」と指摘している。

これは２０１９年の現在においても、いや、ネット右翼の偏狭な排外主義がはびこる現在においてこそ、忘れてはならない指摘だろう。

そう戒める一方で寺島さんはサダム・フセイン支配下のイラクで、タコ部屋のような状況下で働く日本の労働者たちが、

「日本はこんな時に自衛隊が助けに来てくれないひどい国だ」

と言った者は一人もいなかったことを強調する。

プロジェクトに参加した末端の人間までが、戦後の日本とは海外に軍隊を出さない国だとして、腹をくくって中東で懸命に働いていたというのである。

こうした事実への着目は寺島さんでなければなしえないだろう。そうした声はまた、寺島さんでなければ拾い得ないのである。

日本はすでにアメリカとの貿易よりも中華圏との貿易のほうがはるかに大きくなっていることも私は寺島さんに教えられたが、トランプのペットとなっている安倍晋三はそれをどこまで知っているのか？およそ6年前に私たちは『この国はどこで間違えたのか』（光文社知恵の森文庫）を出したが、この本は現時点でのこの国への新たな提言である。

本書は2019年4月17日から7月3日までに6回にわたって行なわれた対談を収録した語り下ろしです。

# 戦後日本を生きた世代は何を残すべきか
## われらの持つべき視界と覚悟

二〇一九年九月二〇日初版印刷
二〇一九年九月三〇日初版発行

著者　寺島実郎・佐高信
発行者　小野寺優
発行所　株式会社河出書房新社
〒一五一―〇〇五一　東京都渋谷区千駄ヶ谷二―三二―二
電話　〇三―三四〇四―一二〇一（営業）　〇三―三四〇四―八六一一（編集）
http://www.kawade.co.jp/
装丁　鈴木成一デザイン室
写真　吉野俊平
組版　株式会社キャップス
印刷・製本　中央精版印刷株式会社
Printed in Japan　ISBN 978-4-309-02806-4

# 黒幕の戦後史

田原総一朗×佐高信

児玉誉士夫、渡邉恒雄、田中清玄、堤清二、矢次一夫、中山素平ら、戦後日本を操った左右のフィクサーたちの実像を2代ジャーナリストが語りつくす白熱の対話。